Willy Fritsch

Ava Gardner / Stewart Granger

Ernst Lubitsch

Clifford Odets

Clark Gable / Hedy Lamarr

Marlon Brando

Errol Flynn

Erscheinungsdatum: Januar/Februar 2019
Gesamtproduktion: Region-Verlag
Bildmaterial und Inhalt: siehe Angaben und Hinweise im Anhang

ISBN 978-3-9818749-4-5

Das Buch ist im Bestand der Deutschen Nationalbibliothek, Frankfurt am Main

region verlag

region-verlag.com
biografie-text.eu

Luise Rainer

Looking back

Der Blick zurück

Ralf Oldenburg

HOLLYWOOD BIOGRAPHIE

Inhalt

Bereits in jungen Jahren war ich von kreativen Menschen umgeben, besonders von meiner Mum. Ich glaube heute, dass die Schauspielerei eher nur ein Zufallsprodukt gewesen war, um mich künstlerisch auszudrücken. Der Weg hätte damals auch ganz anders verlaufen können...

(Luise Rainer)

Vorwort

Liebe Leser,

Luise Rainer, Heinrich Heine – ja, zwei klangvolle Namen. Was verbindet diese beiden herausragenden Künstlerpersönlichkeiten? Gibt es Gemeinsamkeiten? Welche Bedeutung haben die beiden für Düsseldorf? – Nun, die offensichtlichste Gemeinsamkeit ist, wie eng beider Schicksale mit ihrer Heimatstadt Düsseldorf verbunden sind. Beide zog es hinaus in die Welt. Sie hatten jüdische Wurzeln, die ihr ganzes Leben prägten.

Beide waren meisterlich im Umgang mit Sprache und Bildern. Die lebendigen Beschreibungen etwa in Heines Reisebildern brachten den Menschen seine Eindrücke aus fernen Ländern nahe. Hätte es zu seiner Zeit schon das Medium Film gegeben, wer weiß, vielleicht wäre er zum Pionier mit ersten Reisedokumentationen geworden.

Die technische Entwicklung und das damals noch junge Genre Film machten Luise Rainer in den 1930er Jahren zum Weltstar. Bewegte Bilder, die heute jeder Laie und jedes Kind mittels Smartphone aufnehmen und via Internet weltweit zugänglich machen kann, blieben damals Filmtheatern und Leinwandprofis vorbehalten. Filme und Kinobesuche waren ein außergewöhnliches Freizeiterlebnis.

Dass sich Luise Rainer sogar die Türen der Filmwelt Hollywoods öffneten, und dass sie dort 1936 und 1937 mit je einem Oscar als beste Hauptdarstellerin ausgezeichnet wurde, war sowohl eine kleine Sensation als auch eine große Ehre. Eine Ehre für die Aktrice Luise Rainer und eine Ehre für Düsseldorf, die Stadt, in der sie geboren worden war und in der sie ihre Ausbildung als Theaterschauspielerin an der dem Schauspielhaus angeschlossenen Hochschule für Bühnenkunst absolviert hatte.

Heute blickt die Landeshauptstadt Düsseldorf stolz und dank-bar auf das wirklich beeindruckende Leben und Werk dieser sehr erfolgreichen Frau. Unsere Stadt pflegt das Andenken an diese Künst-lerin, dank der der Name Düsseldorf Einzug gehalten hat in die Annalen der Filmgeschichte. Ihr ist dieses Buch gewidmet. Viel Freude mit dieser anregenden Lektüre, oder wie Heinrich Heine es formulierte „Wenn du eine Rose schaust, sag, ich lass sie grüßen!“

Ihr
Thomas Geisel
Oberbürgermeister der
Landeshauptstadt Düsseldorf

Forward

Luise Rainer ... a name that reverberates even today in film lore and legend. As an ingenue on the European stage as a young woman, and then an international film star in the 1930s, Luise Rainer was a huge star. But strangely she has been overlooked in collective contemporary memory most probably because her career effectively ended some 70 years ago.

So who was Luise Rainer? And why now this important work Luise Rainer by Dr. Ralf Oldenburg?
There are many reasons why Rainer's life and career merit study and re-evaluation. First and foremost, she was an actress, on the stage and on screen. Born of an affluent Jewish family in Germany in 1910, under the tutelage of theatrical impresario Max Reinhardt, Rainer established herself on the Berlin stage, eventually entering motion pictures in 1932. While performing in the play ‚Six Characters in Search of an Author' in 1934, Rainer was offered a Hollywood film contract with MGM. She came to the United States the following year, as Europe broke into turmoil.

Her second film at Metro catapulted her to stardom. It was ‚The Great Ziegfeld' starring William Powell and Myrna Loy. Rainer's role as Florenz Ziegfeld's first wife Anna Held was given only about 30 minutes of screen time. But what Rainer did with those brief moments was to shine. And contemporary moviegoers took notice. In what effectively was a supporting part in the three-hour long Oscar-winning Best Picture of 1936, Luise Rainer garnered her first Best Actress Academy Award. The following year she repeated that feat in arguably her best acting tour-de-force as author Pearl Buck's sympathetic tragedienne O-Lan, in ‚The Good Earth' (1937) opposite Paul Muni. She became the first actor ever to win two consecutive Oscars.

Her five following films, except for ‚The Great Waltz' (marvelously directed by Julien Duvivier, and featuring the magnificent voice and allure of coloratura soprano Miliza Korjus), were all weak sisters to ‚The Good Earth'. Rainer it seemed was possibly too winsome and precious for audiences tastes as America pulled out of the Great Depression and soberly contemplated the coming of World War II.
Leaving for New York when her film popularity waned, Rainer also did herself a disservice by marrying in 1937 (and divorcing in 1940) American playwright Clifford Odets of the Group Theatre. She became a U.S. citizen in 1938 and in 1940 made her English language theatrical debut in Washington, D.C. in George Bernard Shaw's ‚Saint Joan', a role more suited to her style of acting. Rainer then appeared on Broadway in 1942 in J.M. Barrie's ‚A Kiss for Cinderella', and journeyed to Hollywood for one more quickly forgotten film, ‚Hostages', at Paramount.

The following year she married publisher Robert Knittel, had a child, and settled in Great Britain and Switzerland. In the 1950s she studied painting and commanded a one-woman show at London's German Embassy in 1978. Over the decades Rainer was offered several important film roles, but for one reason or another she declined to test and lost them all, though she did appear on screen before her death. Rainer also made a handful of television appearances over the years. As she approached her 100th birthday, a revival of sorts in interest of her life and career began. It is still ongoing.

Luise Rainer's style of acting was specific to her character. So she was truly an artist with an idealized conception of her art. Her film characters were oftentimes fragile and consistently overly dramatic. Only infrequently was she allowed, either by herself or her directors, to show spirit and backbone. And when her characters did bite back she was electric. Her fans who recall her film performances have never known the woman Luise Rainer. Until now.

Dr. Ralf Oldenburg, the author of ‚Looking back' - the biography of Luise Rainer, was a personal and close friend of her. His insight and dedication to her life and work are obvious within these pages. His unique approach to telling her story gives immense insight and opens many doors to the real character of the actress and the artist. And in summary, this book is an important documentation of the life of Luise Rainer. For the first time her story is told ...

Stephen Michael Shearer
Woodbury, Minnesota (USA)
March 2018

Kapitel 1

Kapitel 1

Eine fast perfekte Wahrheit (1910 – 1926)

Ich warne Sie. Es ist eine lange Geschichte. Also nehmen Sie sich einen Sherry, aber nicht so zimperlich! Natürlich weiß ich, dass es erst 12 Uhr mittags und für einen Sherry zu früh ist. Ich weiß, und es ist sicher über 25 Grad warm in diesem Zimmer. Ein Heizungsproblem. Sie müssen entschuldigen, der Monteur kommt nachher. Sie sollten aber trotzdem mehr trinken als diese Pfütze. Ich nehme auch noch einen Kleinen. Also. Ich könnte jetzt so ähnlich wie Goethe in Dichtung und Wahrheit mit den Worten beginnen: Am 28. August 1749, mittags mit dem Gongschlage zwölf, kam ich in Frankfurt am Main zur Welt. Aber das stimmt natürlich nicht. Tatsächlich kam ich im St. Vincenzhaus am 12. Januar 1910 nachmittags um vier Uhr in Düsseldorf zur Welt. Ihnen kann ich es jetzt ja anvertrauen: ich kam zwei Monate zu früh zur Welt. Yes, I was a seven-month child, and I am missing those two months and I want them back. Das habe ich meinem ersten Ehemann Clifford auch einmal gesagt. Es macht ja auch irgendwie Sinn, wenn man bedenkt, dass ich diese mögliche, fehlende Reifezeit im Bauch meiner Mum auch als Kind immer an mir zu entdecken glaubte. Ich fühlte mich tatsächlich schwach und dünn wie ein Junge und als Mädchen sehr unsexy, obwohl ich später wundervolles, schwarzes Haar und schöne Augen, die meines Vaters wohl, hatte. Dennoch bin ich in den ersten Jahren nie so richtig gesund gewesen.

Schon früh litt ich an den tuberkulösen Entzündungen der Lungendrüsen. Einer meiner Brüder war auch eine Zeitlang lungenkrank und meine Großeltern starben an einer floriden Lungentuberkulose. Das heißt: meine Familie war schon tuberkulös vorbelastet. Zwischen 1921 und 1924 musste ich für ein ganzes Jahr in ein jüdisches Kinderheim auf die Insel Föhr. Unser Kinderarzt hatte mich mit Verdacht auf Lungentuberkulose an die städtische Lungenfürsorge überwiesen. Mittels einer dort durchgeführten Röntgendurchleuchtung konnte damals der Verdacht auf Lungentuberkulose erhärtet werden. Man ging von einem einseitigen leichten Befall der Lunge aus. Ich wurde dann der Erholungsfürsorge zugewiesen, die ihrerseits über verschiedene Träger, darunter die Stadt und die konfessionelle Wohlfahrtspflege, Kurverfahren organisierte. Insbesondere die jüdischen und katholischen Wohlfahrtsorganisationen erleichterten die Finanzierung von Heilaufenthalten.

In Wyk gab es ein Kinderheim, in dem man sich gesundheitlich erholen konnte. Es war dort teilweise sehr unangenehm und schmerzlich für mich. Die Jungen mussten bei der Hausarbeit helfen und u. a. auch Hühner schlachten. Als ein Junge sich weigerte, wurde er für drei Tage ohne Essen eingesperrt. Über solche Vorfälle konnte er nicht nach Hause berichten, da seine Briefe zensiert wurden. Auf Föhr bekam ich eine Röntgentherapie, Quarzlichttherapie, Glühlichtbäder und Wärmestrahlenpumpen für meine Genesung. Ich lernte dort ein Mädchen kennen, das, soweit ich weiß, noch als tuberkulosegefährdet eingestuft worden war. Sie war durch die Aktion der amerikanischen Kinderhilfsmission der Quäker gegen die Unterernährung, die nicht nur tuberkulosespezifisch orientiert war, nach Wyk gekommen. Sie hatte mit ihrem Schularzt Glück gehabt. Aufgrund der verschiedenen Zuständigkeiten und unterschiedlichen Ansichten zu Krankheitsgrad, Indikation und Anstaltstyp sollte sie zunächst in eine mit nur erholungsbedürftigen Kindern belegte Kuranstalt geschickt werden. Sie hätte dort alle anderen Kinder sicherlich angesteckt. Andererseits weiß ich von Fällen, nach denen stark geschädigte Kinder in Landaufenthalt geschickt wurden. Auch gab es Lungenheilstätten, die die Aufnahme gerade der kranken Kinder kategorisch ausschlossen.

Wir wurden gute kleine Freundinnen, waren oft zusammen draußen am Meer, das unberechenbar und zugleich faszinierend erscheint, so wie die Menschen, finden Sie nicht auch? In dieser Zeit erfuhr ich, was Heimweh ist und wie man es besiegen kann. Obwohl mich meine Eltern und Freunde aus Hamburg sicherlich gerne besucht hätten, wurde es ihnen natürlich nicht gestattet. Wegen der Ansteckungsgefahr. So lernte ich auch, früh selbstständig und unabhängig zu werden und meine Bedürfnisse und Wünsche durchzusetzen. Das nennt man heute, glaube ich, emanzipiert.

Aber im Gegensatz dazu, musste meine Mum bestimmt viel mehr erdulden als ich. Eine Frühgeburt kann eine emotionale Krise bei den Eltern auslösen und stellt einen Katastrophen-Stressor dar, der mit starken Gefühlen des Kontrollverlustes und der Hilflosigkeit einher geht und die psychische und physische Gesundheit des Kindes, und teilweise der Eltern, gefährdet. Ich habe mich allerdings schlau gemacht und erfahren, dass Mütter nach einer Frühgeburt ein erhöhtes Risiko haben, an einer unipolaren Depression zu erkranken, verbunden mit größter Angst und Sorge um das Überleben des Babys und dazu ein schlechtes Gewissen dem Kind gegenüber.

Somit ist die Qualität der Mutter-Kind-Beziehung durch die Frühgeburtlichkeit und der damit einhergehenden Unreife des kindlichen Organismus, besonders aber durch das mütterliche Stresserleben der Geburt, besonderen Risiken ausgesetzt. Es stellt sich heraus, dass die Erfahrung der Frühgeburt eines Kindes auch bei Vätern traumatisierend wirkt, allerdings nicht im selben Ausmaß wie bei der Frau. Ob sich mein Vater aktiv in die Bewältigung des Geburtstraumatas meiner Mutter verhalten und eine positive, vermittelnde Rolle zwischen Mutter und Kind eingenommen hat, weiß ich nicht. Ich glaube es eher nicht. Dazu war er zu schnell wieder woanders, also dort, wo er glaubte, wirklich gebraucht zu werden: bei seinen Kunden. Zuhause war er nur tyrannisch und besitzergreifend.

Dennoch hatte ich einen guten Start ins Leben. Doch schon bald verfinsterte sich das Bild. Ich war knapp eineinhalb Jahre alt, als Europa von einer Hitzewelle heimgesucht wurde, in deren Folge die Säuglingssterblichkeit und jene alter Menschen in die Höhe schnellte. Es war wochenlang einfach nur heiß. Babys und kleine Kinder schrien vor Durst. Und vor Hunger. Denn es gab in dieser Zeit nicht genug zu essen, aufgrund schlechter Ernteergebnisse in vielen Regionen. Es herrschte

Wasserknappheit und ein drastischer Anstieg der Lebensmittelpreise für Grundnahrungsmittel, wie etwa Kartoffeln und Zuckerrüben.

Alle Zeitungen schrieben über die Hitzewelle und ihre Folgen. Daher wurde den Müttern nahegelegt, besonders auf Qualität und Zustand der Kuhmilch zu achten und die Säuglinge nicht während der Sommermonate abzustillen. Diese Ernährungsengpässe, und im Ersten Weltkrieg wurden diese noch drastischer, waren damit verbunden, dass die Mütter wieder mehr stillten. Logisch. Irgendwo musste das Essen für die Babys ja herkommen, oder? Und das Stillen wurde vor allem durch die Einführung der Reichswochenhilfe unterstützt. Aber was rede ich mich da um Kopf und Kragen? Das alles interessiert Sie doch gar nicht, oder? Ach, Luischen, mäßige dich doch wenigstens einmal!

Düsseldorf war zu jener Zeit eine eher mittelgroße Stadt. Es gab nur wenige Autos. Wir hatten und haben noch heute die Königsallee mit ihren wunderbaren Geschäften und Straßencafés. In der Altstadt gab es wunderschöne Restaurants mit Holztischen draußen. Für wenig Geld konnte man dort gut essen und frisch gezapftes Bier trinken. Am Rhein entlang flanierte man mit seiner Liebsten und im Hofgarten, einem großen sonnendurchfluteten Park, saß man gerne unter einem der riesigen Bäume und hing seinen Träumen nach. Nicht zu vergessen der Düsseldorfer Zoo und die zahlreichen Orchester, die während der Sommermonate die Gäste unterhielten. Es gab das Opern- und Schauspielhaus, die Kunstakademie, die fantastische Eisbahn und das geheimnisvolle Planetarium, das ich als Kind leider nie besichtigen konnte, da ich Angst im Dunkeln hatte. Von anderen Kindern erfuhr ich, wie ihnen immer schwindelig wurde, wenn sie aus ihren Sitzen nach hinten kippten und auf die rotierenden Sternbilder schauten. – Ich war sehr neidisch auf sie und zugleich unbarmherzig mit mir, da sie in vollster Begeisterung berichteten, ich aber meine Angst nicht überwinden konnte. Wenn jemand mich an die Hand dort mit hinein genommen hätte, wäre es vielleicht anders gelaufen.

Der Düsseldorfer Karneval war immer ein Highlight für uns Kinder. Einmal stand meine Mum in der Tür, verkleidet als Carmen, in gelbe Seide gehüllt, mit schwarz betonten Augen und einer roten Rose im Haar, und meinte lächelnd: Gehen wir? Doch trotz allem, war sie eine fromme Jüdin, die ihr Totenhemd im Kleiderschrank und dahinter die Bretter für ihren Sarg liegen hatte. Aber was rede ich. Das Leben war lebenswert und nichts deutete daraufhin, dass ich Düsseldorf je würde verlassen müssen.

In der Altstadt-Nord zogen damals unzählige Straßenbahnen ratternd und quietschend ihre Bahnen durch die Adern der Stadt. Dazwischen Kutschenwagen und reges Treiben an den Haltestellen und vor den palastartigen, schmucken Hotels. Aus Industrieschloten klobiger Backsteinbauten zog pechschwarzer Qualm in den wolkenverhangenen Himmel und vermählte sich mit dem frostigen Firmament. Bäckereien, Schlachtereien, Kaffeeröstereien und Gewürzmühlen, sie alle buhlten um die Gunst ihrer Kunden und fügten sich selbstbewusst in das Bild genügsamer Arbeiter- und Handwerkerviertel ein. Wir wohnten in der Uhlandstraße 43, einem langgestreckten Häuserblock, der sich nur in der Maserung in einzelne Gebäudekomplexe voneinander inhaltlich und architektonisch unterschied. Der damals in Düsseldorf sehr bekannte Zahnarzt, Dr. Christian Bruhn, praktizierte hier. Immer, wenn ich an seinen Praxisräumen vorbei musste, überkam mich so ein mulmiges Gefühl, obwohl ich eigentlich immer gute und gesunde Zähne hatte und bis heute noch habe.

Aber glauben Sie mir: inzwischen sehe ich das Ganze natürlich ganz anders. Wenn ich heute zum Zahnarzt gehe und Angst habe, dass es wehtun wird, dann denke ich an Soldaten im Krieg. Das hilft. Wie bitte? Ob ich dann weine? Ach, wissen Sie: Ich weine sehr selten, obwohl, als ich jung war ... Musik hat mich zu Tränen gerührt. Verdis Requiem zum Beispiel, es ist so unerreichbar schön. Oder hohe Berge. Wenn ich sie sehe, bekomme ich Gänsehaut, so groß ist das Gefühl des Glücks. Interessanterweise hat Weinen nicht immer mit dem Moment zu tun. Als mein Vater starb, das ist Jahre her, habe ich nicht geweint. Etwa ein halbes Jahr später, ich war gerade damit beschäftigt, Mottenkugeln in einen Schrank zu legen, sah ich ihn plötzlich vor mir. Ich sah ihn an einer langen Allee, die in den Himmel führte, auf einer Bank sitzen.

Und ein Engel raste auf Rollschuhen vorbei und rief: Aufruf für Herrn Rainer, Aufruf für Herrn Rainer. Das brachte mich zum Weinen. Aber dazu später, wenn Sie mögen, ja?

Unsere Wohnung hatte ein wunderschönes Wohnzimmer mit sich daran anschließendem Wintergarten. Im Salon empfingen meine Eltern am Sonntagmorgen zahlreiche Gäste mit Sherry und Keksen. Manchmal wurden auch spontane Klavierkonzerte und Lesungen abgehalten. Dann gab es eine große Küche, zwei große Schlafzimmer, zwei Badezimmer und ein eindrucksvolles Foyer mit zartgrüner Seidentapete und, als emotionaler Blickfang für unser aller Vergänglichkeit, eine imposante Standuhr. In den heißen Sommermonaten frühstückten meine Eltern und wir Kinder samstags auf der Terrasse. Hinter dem Haus hatten wir einen Garten. Ich erinnere mich noch, wie die Tücher und Kleider im Wind auf der Leine uns lautstark applaudierten. Wir hatten einen deutschen Schäferhund und später, als ich ungefähr zwölf Jahre alt war, bekam ich den süßesten schwarzen Scotch Terrier, der mich später sogar bis nach Amerika begleiten und dafür sorgen sollte, dass ich meinen ersten Oscar bekam.

Heinrich Rainer, mein Vater, war am 12. Januar 1910 bei meiner Geburt 35 Jahre alt. Er war ungarischer Abstammung. Mit 6 Jahren endete seine Kindheit, da er über Nacht plötzlich ein Waisenkind war. Es muss für ihn schrecklich gewesen sein, nie erfahren zu haben, was seinen Eltern Schreckliches widerfahren war. Warum oder woran sie starben, kann ich Ihnen leider nicht sagen. So wurde der kleine Heinrich aus seiner Heimatstadt München, die er bereits neugierig entdeckt und mit Hilfe von Verwandten und Bekannten auf kindliche Weise schätzen gelernt hatte, nach Texas zu seinem Onkel verfrachtet. Ohne ein Wort Englisch, wird er sicherlich fürchterliches Heimweh nach Bayern gehabt haben. Sein Kinder-Deutsch verkümmerte. Amerika wurde seine neue Heimat. Zwischen 1892 und 1898 baute er in Dallas ein Import-Export-Geschäft für Öl und Sojabohnen auf und reiste als junger Mann kreuz und quer durch die USA und Mexiko. Die Tränen behielt er dabei immer für sich. Inzwischen war er amerikanischer Staatsbürger und ein erfolgreicher Kaufmann geworden. 1906 kehrte er schließlich als solcher nach Deutschland zurück. Hier nun verliebte er sich in meine Mutter und heiratete sie. Da er seine Kundschaft hauptsächlich in Nordamerika hatte, war sein Geschäft in diesen Anfangsjahren durch den schlechten Stand des Dollars zwar zurückgegangen, dennoch verdiente er aber immer noch so viel, dass er seine Familie gut ernähren konnte. Ob das für ihn ein Problem war, dass meine Mutter Jüdin war, wollen Sie wissen? Ich denke nicht, sonst hätten die beiden ja nicht aus Liebe geheiratet und Liebe überwindet bekanntlich alle Grenzen.

Die Hochzeit fand in Krefeld statt. Mein Vater ließ bei seiner Hochzeit einen kleinen Löwen auf die Verwandtschaft und Freunde los, und trug damit sicherlich zur allgemeinen Erheiterung und Verunsicherung gleichermaßen bei den geladenen Gästen bei.

Wenn ich so recht überlege, war er damit ein Hellseher. Sah er doch meine Karriere bei MGM voraus. Sie wissen, der brüllende Löwe in dem Logo der Firma? Ja, ja, MGM hatte bis heute fünf Löwen unter Vertrag: der erste war Slats, the Original ‚Leo The Lion' of Goldwyn Pictures von 1916 bis 1924. Derselbe Slats wurde von 1924 bis 1928 the first official MGM logo. Jackie, Nummer zwei, folgte von 1928 bis 1956. Er brüllte zum ersten Mal das Publikum zu Beginn des Films an. Während bis 1927/28 MGM nur Stummfilmproduktionen abdrehte, ließ man Jackies Gebrüll über einen Phonographen laufen. War für die Kinogäste bestimmt auch erheiternd und verunsichernd zugleich. Vielleicht haben sogar manche vor Schreck geschrien. Ob manche Hochzeitsgäste meiner Eltern auch aufgeschrien haben, ist natürlich nicht überliefert. Dann kamen Tanner, Nr. 3, von 1934 bis 1956, dann ein unbekannter Nr. 4-Löwe von 1956 bis 1958 und schließlich Leo, the Lion von 1957 bis heute.

Während alle Freunde meines Vaters aus Amerika ihn Henry und in Deutschland Heinz nennen durften, verbot ich mir das. Diese Sympathie hatte er nicht verdient. Ich weiß nicht, ob es daran lag, dass er gebürtig aus München stammte und damit doch viel patriarchalischer und dominanter als wir Rheinländer war, was es mir unmöglich machte, ihn als Vater lieben zu können. Er war ein Tyrann durch und durch!

Er machte uns schreckliche Szenen und drohte uns oft, das Haus zu verlassen. Er hatte gewiss eine antisoziale Persönlichkeitsstörung. Ich litt sehr unter seiner Terrorherrschaft und versuchte, wann immer es möglich war, mich ihm und seiner Gewaltspirale zu entziehen.
Für mich war diese frühkindliche Phase geprägt von so endlos erscheinenden ängstigenden und bedrohlichen Situationen, denen ich mich versuchte anzupassen. Ich wollte meinen Eltern, besonders aber meinem Vater, möglichst gut erscheinen. Ich wollte doch nur von allen geliebt werden. Ich rechne es ihm aber hoch an, dass er sich für mich einsetzte, als es darum ging, auf der Schauspielschule bleiben zu dürfen.

Nichtsdestotrotz werde ich ihm aber niemals verzeihen, dass er mich mit 16 oder 17 Jahren aus dem Haus geworfen, nachdem er mich zuvor als Hure bezeichnet hatte. Mein Vater war eine Gefahr für mich, eine Bedrohung. Er stellte mich ständig mit meiner Grandiosität in Frage, kritisierte mich laufend und wollte einfach nicht einsehen, dass ich etwas Einzigartiges, eine geniale Künstlerin durch und durch war und noch bis heute bin. Ständig zwang er mich zur Rechtfertigung meines Selbst! Ständig musste ich ihn vom Gegenteil seiner Behauptungen überzeugen. Und er? Er ließ sich nicht abbringen, und so eskalierte die Situation des Öfteren. Keiner wollte nachgeben, keiner das Gesicht verlieren. Und dabei wusste er ganz genau, dass ich Recht hatte und er Unrecht!

Mein Vater fand die Bühne würdelos. Wenn es nach ihm gegangen wäre, hätte ich früh geheiratet und viele Kinder gekommen. Mehr sah sein Frauenbild nicht vor. Die Schauspielerei sei kein Beruf für eine Frau, sagte er immer. Als ich in Düsseldorf anfing, kamen meine Eltern zwei Jahre lang zu keiner einzigen Aufführung. Mein Vater hat diesen Weg erst akzeptiert, als ich schon lange in Hollywood war. Immerhin kamen meine Eltern 1938 aber zur London-Premiere von ‚The Good Earth'. Beide konnten mit meinem rebellischen Wesen nicht umgehen, so würde ich das heute mit großem Abstand sehen. Und mit meinen hysterischen Auftritten schon gar nicht, die natürlich von mir genial inszeniert wurden und zwar mit einer Leichtigkeit, die Sie sich kaum vorstellen können. Ich war dann ganz in meiner Rolle, konnte total auf dieses Gefühl der auf mich gerichteten Aufmerksamkeit abfahren und trachtete schon auf den nächsten Aufreger, den ich dringend brauchte. Und noch bis heute brauche. – Lassen Sie es mich so sagen: Zu Hause war ich anfangs sehr schüchtern, in der Schule entwickelte ich mich aber dafür immer athletischer und wurde ein Champion im Laufen und eine furchtlose Bergsteigerin. Den Minderwertigkeitskomplex meiner Mutter wollte ich keinesfalls übernehmen. Dennoch hatte ich noch als Jugendliche oft große Angst, diesem zu erliegen. Und über allem drohte immer meine Lungenschädigung, die ich hasste, da sie mich oft einschränkte. Dennoch wies ich sie oft in ihre Schranken und übernahm mich dann, was meine Eltern, besonders mein Vater, unverantwortlich und unmoralisch nannten.

Als am 1. August 1914 das Deutsche Kaiserreich zuerst Russland und zwei Tage später Frankreich den Krieg erklärt, da herrscht Jubel auf den Straßen. Deutschland ist zu diesem Zeitpunkt die wirtschaftsstärkste Nation im kontinentalen Europa. Von England aber einmal abgesehen. Der letzte Krieg liegt 43 Jahre zurück. Viele glauben deswegen an einen schnellen Sieg. Als das Düsseldorfer Regiment vorbei am Ratinger Tor in den Krieg zieht, applaudieren die Zuschauer und schwenken begeistert ihre schwarz-weiß-roten Fahnen. Die Soldaten werden mit Hurrarufen verabschiedet, und der Oberbürgermeister Dr. Adalbert Oehler sagt am 4. August 1914 in seiner Ansprache vor der Stadtverordnetenversammlung: „Das deutsche Volk hat noch jede ihm gestellte Aufgabe gelöst. Es wird auch diese Aufgabe lösen, mag die Zahl der Feinde auch noch so groß sein."

Doch schon in den ersten Tagen erreichten Todesmeldungen die Stadt. Und ihre Zahl stieg täglich. Zunächst wurden die Todeslisten in den Zeitungen noch veröffentlicht, doch schon bald gab es so viele Gefallene, dass dies den Zeitungen untersagt wurde. Am Ende des Krieges waren 10000 Düsseldorfer tot und die Stadt zuerst von den Belgiern, Briten und später von den Franzosen besetzt. Alle Pferde waren aus der Stadt an die Front gebracht worden. Deswegen mussten die städtischen Betriebe auf Ochsen umsatteln. Und da Tausende Arbeiter in den Krieg gezogen waren, gingen immer mehr Betriebe pleite. Die

Müllabfuhr musste für den Abfalltransport Ochsengespanne einsetzen. Weil Strom gespart werden musste, fuhren die Straßenbahnen seltener. Und Droschken waren nur noch Ärzten und Hebammen vorbehalten. Kriegsversehrte prägten das Straßenbild mehr und mehr. Elend und Sorgen waren die Alltagsthemen, die anfängliche Begeisterung war verflogen. Die Besatzer waren nicht willkommen. Sie verhängten den Belagerungszustand über die Stadt. Französische Offiziere wurden mit ihren Familien in die besten Häuser einquartiert und sorgten damit für Unmut in der Bevölkerung.

Während dem Ersten Weltkrieg lebten wir in der Schweiz. Mein Vater war nicht Frontkämpfer, will aber im Jahre 1915 dort für den deutschen Nachrichtendienst tätig gewesen sein. Das habe ich seiner Einbürgerungsakte entnommen. 1917 musste er seine amerikanische Staatsbürgerschaft zurückgeben, da er der Aufforderung des amerikanischen Konsuls in Düsseldorf, nach Amerika zurückzukehren, keine Folge geleistet hatte. Die Gründe dafür bleiben im Dunkeln verborgen und es ist heute auch nicht mehr wichtig für mich. Er war fortan staatenlos. Er hat über eine Million Mark Kriegsanleihe gezeichnet und während seines Aufenthaltes in Düsseldorf einen Fond von 10000 Reichsmark für hilfsbedürftige Kriegerfrauen gegründet. Ferner hat er während des Krieges 100 Kinder auf seine Kosten ins bayerische Allgäu zur Erholung geschickt und sich in geradezu hervorragender Weise für das deutsche Hilfswerk hervorgetan. Steht alles hier drin, sehen Sie?

Zwei Jahre nach Ende des Krieges, also Mitte 1920, kehrten wir nach Deutschland zurück, wo mein Vater seine Kaufmannstätigkeiten in Hamburg wieder aufnahm. Dort meldete er sich im September 1920 ordnungsgemäß an. Ich allein war mit ihm nach Hamburg gekommen, ich, sein Mäusele. Auf der Reise sprachen wir viel miteinander, was wir so nie wieder taten. Leider. Meine Mum meldete sich bei der Stadt Hamburg am 11. Oktober 1920 an. Sie war aus Krefeld angereist. Mein Bruder Hans Rudolf kam am 18. April 1921 nach. Zwei Jahre später, am 2. Mai 1923, folgte der Bruder meines Vaters, Franz, aus München nach. Am 28. März 1924 fand dann ganz offiziell die Einbürgerung quasi unserer ganzen Familie statt: mein Vater wurde, wie bereits erwähnt, als Staatenloser eingebürgert. Man konnte damals mit jedweder Staatsangehörigkeit und auch als Staatenloser in Hamburg leben. Ein Zwang zur Einbürgerung bestand nur, wenn man mit einer ausländischen Staatsangehörigkeit beispielsweise in den öffentlichen Dienst eintreten wollte. Mit der Einbürgerung waren staatsbürgerliche Rechte verbunden, weshalb Zuwanderer, die in Hamburg bodenständig werden wollten, den Schritt zur Einbürgerung bzw. zum Erwerb der hamburgischen Staatsangehörigkeit in der Regel alsbald vollzogen. Da mein Vater dies nicht anstrebte, war es nicht weiter schlimm, dass vier Jahre vergingen, bevor die Stadt Hamburg uns einbürgerte. Bei meiner Mum waren alle Papiere in Ordnung gewesen, so dass sie ohne Schwierigkeiten eingebürgert werden konnte; ebenso bei mir und meinen beiden Brüdern, Hans Rudolf und Robert Fritz.

Hans Rudolf war – wie ich – auch ein Januarkind. Am 20. Januar 1909 wurde er geboren. Er machte eine tolle Karriere als Geschäftsmann in Boston und siedelte später nach Pittsburgh um. Er starb 88-jährig am 30. April 1997. Dann folgte Robert Fritz, 1915 in Düsseldorf geboren. Er war ein begnadeter Büroangestellter par excellence! Im Alter von 20 Jahren immigrierte er von Hamburg aus mit der S.S. Georgic am 12. September 1935 in die USA. Er arbeitete in San Francisco, bevor er im Zweiten Weltkrieg in der Army diente. Später verdiente er sein Geld in der Verlagsbranche in der Umgebung von Chicago. Dass ich sie alle überleben musste, macht mich jetzt melancholisch. Ich habe mal gelesen, dass Mädchen, die 1910 in Deutschland geboren wurden, eine Lebenserwartung von nur 51 Jahren hatten. Darauf trinke ich. Nehmen Sie sich gerne noch einen Sherry und vergessen mich dabei bitte nicht, mein Freund.

Nur noch eines: Mitte der 1920er Jahre wurde mein Vater Inhaber der „Harainer Hamburg“, zunächst mit Otto Aspach. Später alleiniger Inhaber. Gegründet 1902 im Hamburger Kontorhausviertel, war diese Firma zunächst im Chilehaus, Portal B, ab 1931 am Alsterdamm 39 (Europahaus) ansässig und Umschlageplatz für pflanzliche und tierische Öle und Fette, Ölsaaten und Futtermittel. Mein Vater immigrierte 1937 aus Hamburg nach Brüssel und von dort in die USA. Er starb am 27.

Oktober 1956 in Rom.

Emmy, wie ich meine Mutter lange nannte und von der ich Ihnen schon berichtet habe, wurde als Tochter von Sigmund und Julie Königsberger am 4. September 1882 geboren und entstammte aus einer Familie von Seidenwebern bei Krefeld. Am 11. Oktober 1961 verstarb sie in Los Angeles. In Krefeld war ich oft zu Besuch. Bis zur Mitte des 19. Jahrhunderts arbeiteten die meisten Weber noch zu Hause an ihren Webstühlen und erst allmählich fasste man diese Arbeitsplätze in Fabriken zusammen. Bis dahin gab es in Krefeld, der Seidenstadt, zahlreiche Seidenweberfamilien, beispielsweise die Familie Bruckmann. Albrecht Bruckmann hatte ein Geschäft im Haus Südwall 34. Jedem war Seidenbruckmann ein Begriff. So auch die Krawattenstoffweberei Ludwig Güsken, der Seidenfabrikant Richard Merländer sowie Friedrich und auch Heinrich von der Leyen, oder die Samtfabrik Flaskamp. Sie erlangten mit diesem kostbaren Rohstoff Ruhm weit über die Grenzen Krefelds hinaus.

Organisiert wurde das alles vom 1924 errichteten Bürogebäude für die Verbände der deutschen Textilindustrie an der Von-Beckerath-Straße 11. Die beiden Häuser sorgten damals insofern für Unmut, da sie das historische Schloss Cracau verdeckten. Um es ganz deutlich zu sagen: Besonders im Textilhandel, in der Seiden- und Krawattenbranche waren jüdische Unternehmer stark vertreten: Im Seidengroßhandel und -export waren von insgesamt ca. 70 Firmen jüdische Eigentümer mit 25 Unternehmen vertreten. In der Krawatten-Produktion - in Krefeld gab es in dieser Sparte 42 Unternehmen - waren 14 Firmen im Besitz jüdischer Fabrikaten. Da die Familie meiner Mum wohlhabend war, lebte sie natürlich im bevorzugten Bismarck-Viertel. Und da mein Vater ein erfolgreicher Kaufmann war, litten wir nie Not und hatten gute Kontakte überall hin. Als ab 1928 die NSDAP eine Geschäftsstelle in Krefeld unterhielt, häuften sich antisemitische Vorfälle: So wurden z.B. Grabsteine auf dem jüdischen Friedhof umgestürzt, Fenster der Synagoge an der Marktstraße eingeworfen und Juden auf offener Straße angepöbelt.

In unserer Familie haben wir immer gescherzt, dass wir in eine andere Stadt gehen, sobald sich meine Schwiegermutter zu Besuch anmeldet ... Sie haben ein schönes Lachen, wissen Sie das? Na ja, wir sind total oft umgezogen, ich habe achtmal die Schule gewechselt. Ich denke, ich genoss diese Rastlosigkeit, wenngleich ich mir das niemals anmerken ließ. Ich hoffe, mein Gedächtnis spielt mir hier keinen Streich. Look, Darling, I'll tell you something. All my life I used to fly. I had wings inside. And later, in America, suddenly I could not longer fly.

Meine Mutter war eine gefühlvolle, musisch begabte Frau. Eine begnadete Pianistin. Sie hätte sicherlich gerne Konzerte gegeben, aber in ihrer Zeit konnte man das leider nicht professionell machen. Von den Juden wurde schon immer erwartet, dass sie ihr Jüdisch-Sein ablegten. Die Mehrheit der Juden lebte somit im eigenen deutsch-jüdischen Kultursystem und verfügte von jeher über alte religiös-fundierte Traditionen der Wohltätigkeit. Dem zufolge und ganz im Gegensatz zum Christentum galt Armut als etwas Negatives und bedeutete für die Betroffenen eine spezielle Form der Erniedrigung, deren Beseitigung nach jüdischer Religiosität für die Gemeinschaft verpflichtend war. Zwischen Religiösem und Sozialem bestand somit immer schon eine untrennbare Verbindung. Während jeder Jude ein Zehntel seiner sämtlichen Einnahmen den Bedürftigen zur Verfügung zu stellen hatte, wurden Frauen aber nie zur Armensteuer aufgefordert. Stattdessen wurde von ihnen erwartet, dass sie den Erlös aus dem Verkauf von Handarbeiten aufbrachten und für Bedürftige vor dem Sonnenaufgang Brot backten, um dieses am Morgen auszugeben. Auch erwartete man ihren Beitrag zur Förderung der Fürsorge und der Erziehung armer Kinder in ihrer Umgebung. Das alles geschah aber immer anonym, um die Selbstachtung der Armen zu wahren. Daran wird sich auch meine Mutter sicher gehalten haben.

Gesprochen haben wir über dergleichen nie. Emmy führte also ein Hausfrauendasein, in welchem Erwerbstätigkeit keine Rolle spielte und Bildungschancen begrenzt waren. Ihre Lebensperspektive knüpfte sich an eine Heirat. Sie war meinem Vater untergeordnet und unterlegen. Glücklicherweise war er oft beruflich unterwegs, was aber umgekehrt bedeutete, dass meine Mum oft mit uns drei kleinen Rackern auch oft alleine war. Ich wurde von ihr im jüdischen Glauben erzogen, da die Kindererziehung praktisch allein in ihrer Verantwortung lag. Sie verwurzelte gleichsam das Jüdisch-Sein in ihre Kinder weiter. Ich weiß nicht, wie es meine beiden Brüder empfanden, aber ich war mein Leben lang stolz darauf, eine Jüdin zu sein.

Als ich einen Tag vor meinem 25. Geburtstag mit dem Schiff Ile de France von Le Havre nach Los Angeles aufbrach, erfüllte es mich mit einem unsagbaren Wohlgefühl, in der Liste der Immigranten unter der Nummer Q.562 als Hebrew aufgenommen worden zu sein. But I never made a secret about it. This whole thing about being Jewish ... it's a very American thing. In Europe, on the Continent, people of the upper class never talked about Jewishness or not Jewishness ... Then came Hitler. Then this became an issue. Wir sind eben ein leidendes, aber zugleich auch stolzes Volk. Opa Sigmund war ein waschechter Westfale. Er wurde am 5. April 1851 in Münster geboren. Oma Julie, geborene Rothschild, brachte meine Mum am 4. September 1882 im Alter von 25 Jahren zur Welt. Im Hause Königsberger tummelten sich am Ende sechs Kinder: drei Mädchen und drei Jungen. Neben meiner Mum gab es noch Hedwig und Else Bertha. Die Schürzenjäger waren Robert, Friedrich und Karl. Bei der Geburt ihres letzten Kindes, Karlchen, war Emmy bereits 37 Jahre alt, aber für Mutter und Kind ging alles erstaunlich gut.

Ja, wir waren eine großbürgerliche jüdische Familie. In der Geburtsurkunde meiner Eltern stand der Eintrag israelitische Religion. Jede Religion hat ihre Gotteshäuser, jede ihre Kultur. 1904 hatte die Gemeinde die große neoromanische Synagoge an der Kasernenstraße nach den Plänen des Architekten Josef Kleesattel erbaut. Da der Gottesdienst hier nach liberalem Ritus abgehalten werden sollte, gab es in dieser Synagoge auch eine Orgel. Diese war Anlass genug für die orthodoxen Gemeindemitglieder, eine eigene orthodoxe Israelitische Religionsgemeinschaft zu gründen, deren Gottesdienste ab 1904 erst in der Bilker Straße 37, später in der Poststraße 4, abgehalten wurden. Auch die ostjüdischen Zuwanderer hatten zu Beginn des Jahrhunderts in verschiedenen Düsseldorfer Stadtteilen ihre eigenen Betsäle. Daneben hatten die Landgemeinden Gerresheim und Benrath eigene Synagogen, ebenso die heute zur Düsseldorfer Gemeinde gehörigen Städte Neuss und Ratingen. In 1910 war Düsseldorf mit ca. 4000 Juden nach Köln die zweitgrößte jüdische Gemeinde im Rheinland.

Leider wurden wir nach 1918 zum Feindbild erklärt; der Antisemitismus wurde zum kulturellen Code eines großen Teils der Wilhelminischen Gesellschaft. Was später kam, brauche ich Ihnen nicht zu sagen: jeder aus meinem Umfeld in Europa litt. Viele Verwandte aus der Familie meiner Mutter starben im Konzentrationslager. Schon früh wusste ich, dass ich etwas in mir trug, was heraus musste, um jeden Preis. Mir war nur noch nicht klar, in welcher Form.

Als ich vier Jahre alt war, beobachtete mich meine Mum dabei, wie ich mit den Schatten des Sonnenstrahls durch den Raum huschte und gegen die gegenüberliegende Wand schwebte. Und dabei muss ich mich immer in einer exzentrischen Anmut der Sonnenstrahlen bewegt haben. Meine Haare, schwarz wie eine Sturmwolke, babyweich und fein, wirbelten mit. Meine Mum konnte nie mit Gewissheit sagen, was ich im nächsten Moment tun werde. I was a strange child. Mein Vater nannte mich ‚Die Schwarze', because it was so evident even then that my important life was something I shared with no one, something I lived inside myself. Als dann dichte Wolken die Sonnenstrahlen verdeckten, verschwand damit auch mein fantasievolles Spiel. Ich setzte mich in mein kleines Stühlchen und wartete, dass der Tag vorübergehen würde. Erst da bemerkte ich meine Mutter.

„Gefällt es dir, so still hier zu sitzen? Manchmal sitzt du viele Stunden so. Manchmal sprichst du tagelang kaum etwas. Ich habe dich beobachtet. Du bist so anders. Ich bin deine Mutter, und als solche weiß ich nur zu gut, dass du mehr in der Welt deiner Einbildungskraft, als in der rauen Realität zu Hause bist. Und natürlich hast du dir längst einen kleinen Platz für dich selbst in dieser geheimen Welt erschaffen, den du mit niemandem bereit bist zu teilen. So leider auch mit mir nicht. Dass dein Vater dich dort nicht besuchen darf, verstehe ich sehr wohl. Immerhin sagt er immer wieder, wie dumm du für ihn bist. Und vielleicht müssen diejenigen, die anders sind und nicht in das von der Mehrheit geformte Muster passen, diesen Leuten auch manchmal als dumm erscheinen."

Dann schwieg sie und schloss ganz leise meine Tür. An abnormal imagination and a passionate intensity often ruin those who possess these things before they can learn the great need they know to hold them in check with the reins of self-discipline. In dieser Zeit hortete ich alle Ölfarben, die ich bekommen konnte und begann, mein ganzes Zimmer in grellen Fantasien anzumalen. Dann rief ich stolz meine Mum herein, die entsetzt und überrascht zugleich zurückwich. And doubtless she wondered what strange and unsuspected traits in Heinz Rainer and herself had fused to become the heritage they had given this ardent, moody child of their's. Aber trotz allem hatte ich ihre ungeteilte Aufmerksamkeit. Und so arrangierte ich viele solcher Momente mit meiner Mum, die mir oft sagte, dass ich besser sei als alle anderen Kinder, etwas ganz Besonderes. Sie meinte, und Tränen traten in ihre Augen, dass ich deshalb auch in der Lage sei, alles nur Wünschenswerte in meinem Leben zu erreichen, was auch immer ich wolle, und dass ich das alles mit minimalster Aufwendung auch erreichen werde. „Die Welt hat auf dich gewartet, mein Liebes", sagte sie mir oft. Und sie hatte Recht damit. Ich musste nur danach greifen, und das tat ich. Ganz einfach war das aus meiner Sicht.

Ich lebte als Kind oft lange Zeit in einem Vakuum des Wartens, dem dann irgendwann plötzlich und unerwartet eine Explosion folgte. With my body and mind my temperament always was approaching maturity and making demands. I could no longer satisfy my deep desire to give back to people the images and feelings which people and things gave me by dancing with a sunbeam.

Als ich zwei Jahre später einen Trapezkünstler mit enganliegenden Strumpfhosen und allerhand Flitterkram hoch oben auf einem Seil im Zirkus turnen sah, habe ich mich nach Mädchenart auf der Stelle in dieses Bild von einem Mann verliebt. Wollte ihn sogar heiraten und mit ihm und seinem Zirkus reisen bis ans Ende der Welt. In dieser Zeit fing ich auch an zu malen. Ich fühlte mich oft sehr allein, also entwarf ich eine Welt, in der ich viele Freunde hatte. Ich erinnere mich noch sehr gut daran, dass meine Eltern mich eines Tages, ich mochte so etwa 8 oder 9 Jahre alt gewesen sein, nach Kaiserswerth mitnahmen, in ein Haus, in dem sich viele Künstler, darunter auch Schriftsteller und Maler, trafen. Es war das Eulenberg-Haus, benannt nach dem bekannten Düsseldorfer Juristen Herbert Eulenberg.

Von 1905 bis 1909 war er Dramaturg am Dumont-Lindemann-Theater gewesen. 1910 entschied er sich, als freier Schriftsteller in Kaiserswerth zu leben. Dort lernte ich, zunächst flüchtig und mit kindlichem Gemüt, den Künstler Arthur Kaufmann kennen. Später, 1928, malte er mich. Ich hatte ein rotes, wunderschönes Kleid an und schmiegte melancholisch und sittsam die Hände zur Seite auf ein prachtvoll verziertes Sofa. Da war Kaufmann 40 Jahre alt, ich gerade mal 18. Ich werde nie vergessen, wie respektvoll und höflich er mich behandelte. Er, ein alter Hase, der gemeinsam mit Herbert Eulenberg und Adolf Uzarski in Düsseldorf die Künstlervereinigung ‚Das junge Rheinland' gegründet und bereits 1922 mit seiner ersten internationalen Kunstausstellung auf sich aufmerksam gemacht und für Aufsehen gesorgt hatte. Von da an wollte ich auch malen, mich zeichnerisch ausdrücken. Es waren zunächst harmlose, unschuldige Versuche, aber sie zeigten mir, dass eine große Künstlerin in mir schlummerte. Neben der Malerei, die ich zeitlebens zu perfektionieren trachtete, gewann der Tanz immer mehr an Bedeutung für mich. Ich war 14 Jahre alt, als mich eine bedeutende Persönlichkeit während einer meiner Tanzstunden am Barren sah.

Mitte der 1920er Jahre studierten bei dieser Persönlichkeit 360 junge Damen. Zu den berühmtesten Schülerinnen und Schülern zählten Harald Kreutzberg und Gret Palucca. Der Arzt Hans Prinzhorn, mit dem sie von 1921 bis 1923 eine Liebesaffäre hatte, gründete 1922 die dazugehörige Gesellschaft, um ihre Schule finanziell zu unterstützen. Als Solistin und mit ihren Schülerinnen reiste sie zu Auftritten in verschiedene europäische Städte. In Bonn zog sie sich Anfang 1924 auf der Bühne eine schwere Fußverletzung zu. Von der erholte sie sich bei Familie Schlegel in Uttwil am Bodensee, wo sie seit 1923 häufiger zu Besuch war. Gesundheitlich noch nicht wieder ganz genesen, um tanzen zu können, besuchte sie im Sommer 1924 Hamburg, nachdem sie bereits im Herbst 1919 enthusiastisch von der Hamburger Bevölkerung gefeiert worden war. Eines Vormittags kam sie in eine der Proben und sah mich. Wir Schülerinnen wussten natürlich, dass sie kommen würde. Schließlich hatte uns unsere Lehrerin eindringlich auf diesen Tag vorbereitet, den Tag des Wettkampfes, wie wir es untereinander tuschelten. Denn jede wollte ihr gefallen, um exklusive Tanzstunden von ihr zu bekommen.

Der Interviewer hielt das Sherry-Glas noch länger in der Hand und stellte sich die alte Dame als junges Mädchen vor. Lebhaft. Im Frühling ihres Lebens. Bilder stiegen in seinem Kopf auf. Er schloss die Augen und hörte weiter: ... Die Nachricht über den Besuch kam für Luise völlig unvorbereitet, überbracht von Monika Goldstein, Luises Lehrerin. Eigentlich nur ein erster Test, hatte sie freudig und beschwichtigend verkündet. Freiwillig und ohne Folgen, hatte sie Luise versprochen und dabei gelächelt. Luises Augenlid begann zu zucken. Ihr ebenfalls anfängliches Lächeln erstarrte für Sekunden. Nervosität durchfloss sie, schon allein bei dem neuen und unbequemen Gedanken, sich erstmals öffentlich mit anderen Konkurrentinnen messen zu müssen. Und die anderen hatten immer denselben Namen: Magdalena Berger! Magdalena, genannt Maggi, war gut, vor allem war sie selbstsicher und wies einen nicht unerheblichen Vorsprung in Form zweier erfolgreich absolvierter Wettbewerbe in Düsseldorf auf, an denen Luise erst gar nicht teilgenommen hatte. 2:0 – das schien im Duell der beiden Gleichaltrigen mehr als deutlich.
„Du hast einen entscheidenden Vorteil", sagte Monika und fuhr Luise liebevoll durchs schwarzgelockte Haar.
„Welchen?", stotterte Luise.
„Du bist für das Tanzen geboren. Du bist kein Roboter ohne Gefühle, der nur technisch die Jury überzeugen kann, wie diese Maggi."

Luise seufzte theatralisch. Das muss meine Lehrerin ja sagen, dachte sie. Das ist nun einmal ihr Job. Sie braucht Erfolge für ihr Ego und ihre Visitenkarte, um in ihrem Beruf weiter zu kommen, argumentierte sie weiter für sich. Doch sie wurde jäh aus ihren Gedanken gerissen, als sie –

wie von ganz weit her – Monikas Stimme hörte: „Du kannst entscheiden, ob Du Dich in Deiner Persönlichkeit als höchst talentierte Tänzerin weiterentwickeln und Deine Stärken endlich allen zeigen willst, oder…“ Den Rest sparte sie sich. Und sie wusste warum. Das war dramatisch genug. Das war auch Monika. So deutlich hatte Luise sie bislang nicht gekannt. Vorbei schien alles kindliche Spiel, vorbei die kreativen Einschübe im Unterricht, die spontanen Ideen und verrückten Umsetzungen in die Praxis, vorbei die liebevollen Erläuterungen von Werken und Komponisten. So schien es zumindest für diesen eingefrorenen Augenblick. Sie übergab sich. Und das schon zum dritten Mal an diesem Tag, dem Tag des Wettkampfes.

„Sie hat sich nicht im Griff“, flüsterte der Vater und seine Stimme zitterte. Dennoch ließ er es sich nicht nehmen, seine Tochter quer durch Düsseldorf zum Platz der Herausforderung zu fahren. Nur er sollte sie fahren, das war Luises Wunsch gewesen, nur er allein; allerdings sollte er nicht mit hineingehen, sondern irgendwo in der Nähe auf sie warten. Gehe doch in eines der vielen Bistros und rauche ein paar von diesen dicken Zigarren, hatte sich Luise von ihm gewünscht. Und diesem Wunsch ging der Vater nach. Zum ersten Mal eigentlich. Alle anderen sollten an diesem schicksalsträchtigen Tag fernab des Geschehens ihr Leben einfach so weiterführen, als ob es jenen Wettbewerb gar nicht gegeben habe.

Vor dem Theater hielt der Vater an. „Bist Du soweit?“, fragte er leise. Luise nickte kaum sichtbar. Also dann. In der Eingangshalle wartete bereits Monika auf sie. Sie sah sehr schön aus, hatte sich festlich gekleidet – eine schwarz-weiße Kombination aus Bluse und Faltenrock – dazu dezent geschminkt, wobei sie immer Mund und Augen etwas zu stark betonte – ein Überbleibsel ihrer Bühnenkunst. Sie lächelte kaum sichtbar, als sie die aufgeregte Ballerina sah: Also dann. Sie war nervös, das spürte Luise sofort. Sie soll es nicht wissen, dachte sie, dass ich nur ihretwegen das alles hier mache. Auf einem Gang, nur spärlich beleuchtet, beobachtete sie eine Reihe von gleichaltrigen Tänzerinnen, die sich aufwärmten und Dehnübungen absolvierten. Sie bewunderte ihre muskulösen Beine, die Wespentaille, eingeschnürt in zauberhaft weiße Kleidchen aus Tüll, die schwanenhalslangen, dünnen Arme, die grazil jede Bewegung musengleich untermalten und die kleinen Gesichter, die, teils ernst, teils verspielt, lachten oder einfach nur stumm ihren Auftritten entgegenfieberten. Sie sah, wie nahezu feengleich die Künstlerinnen sich und ihren Körper beherrschten und ihr Atem stockte für einen kurzen Moment.

Ein junger Mann erschien, ebenfalls ein Tänzer und schon bereit für seinen Auftritt, begrüßte die junge Gruppe, wobei er eine von ihnen theatralisch auf den Mund küsste und kicherte. Die Geküsste kicherte ebenfalls und ließ ihre Zunge kurz über ihre Oberlippe gleiten.
„Hast Du später eine Zigarette für mich?“, hörte sie die Auserwählte sprechen. Der junge Mann lächelte. „Gut, dass Du's schon hinter Dir hast, Glückwunsch.“ Ein zweiter kam atemlos angerannt.
Doch dieses Mal keine Begrüßung, keine Glückwünsche, stattdessen abwehrende und ernüchternde Kälte. Die zuvor Geküsste reckte den Mittelfinger in die Luft und klatschte, allerdings viel zu laut, so dass sich andere Tänzerinnen bereits zu ihr herumdrehten. Missmutig, kopfschüttelnd. Der Angesprochene schnauzte sie an: „Jewish bitch!“, fluchte er und knallte der jungen Tänzerin die Hand ins Gesicht. Luise wollte nur raus. Doch Monika beruhigte sie, so, wie nur Monika es konnte.

„Träume nicht“, ermahnte sie eine nur allzu bekannte wie gefürchtete Stimme. Es war Maggi, die breit und siegessicher Luise angrinste.
„Immer noch Angst vor dem Spiegel?“, lästerte sie. Vor Luises Augen türmten sich mächtige Bilder auf, die bereit waren, sie sogleich zu beherrschen, ihren Verstand zu einem willenlosen Untertan zu degradieren. Der Spiegel.

Wenn sie im Unterricht an der Stange übte, fühlte sie sich beobachtet. Von all den anderen Schülerinnen, vom Ballettmeister, von Jacques, dem Klavierspieler, und letztendlich von dem Spiegel, der sie mit seinen imaginären Augen anstarrte, ihre lächerliche Figur höhnisch auslachte und sie mit seinen spindeldürren Armen dennoch schroff in ihrer Haltung und Position immerzu schmerzhaft zu korrigieren wusste. Sie fühlte sich von ihm nahezu ausgezogen, nackt, hilflos. Sie hoffte, dass sie eines Tages einmal hinter einer Gruppe von Tänzerinnen würde verschwinden können, die den Spiegel verdeckten, so dass sie sich nur als Schatten im Spiegel würde zu erkennen geben. Bislang war ihr Traum nicht in Erfüllung gegangen.

Sie übte alleine für sich, gegen ihre Nervosität, gegen die Angst, einmal während einer Aufführung hinzufallen, einen gefürchteten Black-out zu haben – und alles nur wegen des verdammten Spiegels! Sie hörte den Spiegel höhnen: Du bist zu dick! Dein Körper wird langsam erwachsen, während Dein Gehirn das Gehirn eines Babys bleibt. Sie verengte die Augenwinkel zu zwei schmalen Schlitzen, so dass ihr Gesichtsausdruck ein wenig etwas Raubtierhaftes erhielt.

„Schaust Du immer noch schräg in den Spiegel und hoffst, dass der Ballettmeister Dich korrigiert?", hörte sie Maggi wie durch dicke Watte hindurch sagen. Ja, hätte sie da gerne geantwortet, ja, ich versuche noch immer, mich nur von der Seite und das nur für den Bruchteil von Sekunden im Spiegel zu betrachten, so dass am Ende meine kreisenden Augen tränen, und ich starke Kopfschmerzen bekomme. Ja, hätte sie da der ganzen Welt gerne ins Gesicht gebrüllt, ja, mir wird jedes Mal schwindelig, da ich so oft den Blickwinkel auf mich ändere, als ob ich auf einem Höllenkarussell sitze, das die Richtung vorgibt, der ich folgen muss! Sie verkrümmte sich immer mehr, ließ die ohnehin schon nach vorne hängenden Schultern noch weiter sinken, wobei sie merkte, dass alles in ihrem Körper ob der angespannten Haltung nun wieder schmerzte und pochte. Monika holte sie zurück aus ihrem Schmerz: „Weg mit Dir, Du Schlange!" – Maggis Lachen, das sich immer weiter von ihr entfernte, hörte sie schon nicht mehr.

Eine hagere Frau kam auf sie zu. Die hohen Backenknochen, der große Mund, die hohe, klare Stirn, das Getriebene im Ausdruck, diese Trance, in der sie ihre Tanzideen empfing und gestaltete, eilten ihr schillernd voraus. Und zugleich eine Entrücktheit, die sie nicht vergessen ließ, dass hinter der Berufung der Beruf stand: „Wer bist Du?", fragte die Dame und begutachtete Luise eindringlich. Luise knickste.
„Ich heiße Luise. Luise Rainer, Madame."
„Nenn' mich nicht so. Das macht mich gleich so alt, obwohl, Du hast recht, mit fast 40 Jahren sollte man sich im Showgeschäft doch schon älter fühlen und auch so benehmen", antwortete diese lächelnd und Luise entschied für sich spontan, diese Frau zu mögen.
„Du bist auch Tänzerin, nicht? Aber doch wohl nicht für einen dieser Wettbewerbe heute, oder?"

Luise schüttelte den Kopf: „Ich soll wohl nur zuschauen, wenn ich's richtig verstanden habe", log sie.
„Und wer hat Dich geschickt?"
„Madame, also Monika", druckste Luise umständlich herum.
„Aha. Ich kenne sie. Sie ist eine gute Lehrerin. Schätze Dich glücklich, mein Kind, dass Du sie hast." Luise nickte schnell.
„Wir suchen noch Talente für unseren nächsten Kurs. Wenn Du magst, komm einfach vorbei. Dann sehen wir weiter."
Noch bevor Luise sich bedanken konnte, erschien Monika auf der Bildfläche. „Eine Ehre, doch noch viel zu früh für Luise hier. Es fehlt ihr noch an Professionalität und Ernsthaftigkeit, um auch langfristig als Ballerina erfolgreich sein zu können."

Diese verbale Ohrfeige traf Luise nahezu völlig unvorbereitet mitten ins Gesicht. Sie wurde rot, kämpfte mit den Tränen, wobei sie ihre Unterlippe in den Mund hineinzog und darauf herumzukauen begann, bis sie den Geschmack von Blut verspürte. Doch die Tränen rollten bereits.
„Ich habe den Wettkampf für Dich bereits abgesagt. Ich denke, es ist besser so, nicht? Vor allem gesundheitlich", sagte Monika und zeigte sich enttäuscht. Diesen Ausdruck hasste Luise, bedeutete er doch Sieg und Niederlage zugleich. Und mitten in diesen diffusen Gefühlstaumel blitzte eine Erleuchtung: Ich werde Tänzerin bei ihr, bei Mary Wigman! Und ja, ich werde meine Angst überwinden!

Ein leichtes Klopfen ließ ihn wieder zu sich kommen. Hallo, junger Mann! Brauchen Sie eine Pause? Nein? Gut. Tja, also: das müssen Sie sich jetzt mal vorstellen: 6 Jahre, also von 1920 bis 1926, in Hamburg. 6 Jahre war ich bis dato noch nie an einem Ort geblieben. Mit einer jüdischen Mutter aus Krefeld, die emotional, hochsensibel und oftmals unglücklich ist, dass sie keine Pianistin hatte werden können. Die noch immer übermäßig um uns Kinder besorgt ist, besonders um mich. Die jeden Tag Angst hat, dass etwas Unvorhergesehenes passieren könnte. Und die vielleicht oft daran denkt, was geschehen würde, wenn die Einnahmen versiegen, wenn mein Vater sie verlassen könnte, und sie ohne einen Pfennig dann dastünde. Und mit einem Vater, einem Ur-Bayer, der eine kaum weniger traumatisierte Kindheit hinter sich hatte, dann zunächst in das Rheinland und nun mit uns allen als Staatenloser nach Hamburg gegangen war. Eigentlich vom Charakter mehr Amerikaner als Deutscher. Think big, Sie verstehen? Jetzt erneuter Kulturschock, denke ich. Die offenen Rheinländer, die ihr Herz am rechten Fleck haben und nun die sturen Hanseaten, von denen man sagt, sie duzen einen Fremden erst, wenn dieser bereits 20 Jahre ihr Nachbar ist.

Wir wohnten im Mittelweg 150, zwischen den Stadtteilen Rotherbaum und Harvestehude gelegen. Seit Generationen war Harvestehude von Hamburgern mit Zugehörigkeitsgefühl und Kastendenken besetzt. Man kannte sich in- und auswendig. Man blieb unter sich. Die hier Geborenen beobachteten mit Argwohn die Neuzugezogenen. Schon die Leute aus dem näheren Binnenland waren für sie das, was Foreigners sind. Die hier Geborenen glaubten zwar, dass diese Foreigners etwa dieselben Lebensgebräuche haben wie sie selbst, aber es lohnte sich nicht, sie kennenzulernen. Denn die in Harvestehude Alteingesessenen, die sogenannten Pöseldorfer, wussten wohl, dass es eine Fähre zum anderen Alsterufer gab, wo auch ganz nette Leute wohnen sollten. Diese Jenseitigen kamen auch wohl zögerlich am Sonntag zu Besuch herüber, wie blinde Passagiere eingeschmuggelt. Aber umgekehrt wäre es einem Harvestehuder niemals eingefallen, etwa auf der anderen Seite, rund um die Alster, spazieren zu gehen. Und auch die Einstellung zur Arbeit und Sprache war anders. Pedantisch. Kleinlich. Familiär. Und dann kamen wir. Unvorbelastet, ohne Ahnung von jenen schrulligen Marotten und Jahrhunderte währenden Standesdünkeln.

Eingeheiratete galten niemals als vollgültig. Hier waren die Kaufmänner alle unter sich. Die Kinder auch. Aus Angst vor Einheiratung oder Futterneid blieben die Häuser an der Alster teilweise versperrt. Wir hatten, wie gesagt, Geld und gute Beziehungen, und so war es kein Problem gewesen, eine angemessene Bleibe dort zu finden. Es gab um diese Zeit keine Kleinwohnungen und Gewerbebetriebe in Harvestehude. Die Straßen waren alle schachbrettartig angelegt und mit vielen Villen und feudalen Stadthäusern bebaut worden. Nur an der Isestraße und in einigen Bereichen von Eppendorfer Baum und Hochallee war auf dem ehemaligen Klosterlandgebiet der Geschosswohnungsbau erlaubt. Im großen Stil, versteht sich. Die imposantesten Häuser standen am unweiten Harvestehuder Weg, wo auch die reichsten Hamburger wohnten. Tatsächlich lebte um 1912 in Harvestehude tatsächlich die Hälfte der Hamburger Millionäre. Lindenbaumstraßen durchzogen das Viertel. Es roch zur Blütezeit nach zartem Honigduft, vereint mit dem Atem der Alster.

Auch äußerlich waren die Pöseldorfer leicht zu erkennen. Die Herren am Regenschirm, die Damen an Stiefeln, in vorgerückten Jahren an einem nestartigen Hut mit Schleier, die Kinder an artigen, zweireihigen Mänteln mit weißem Pikeekragen. Der Gang ist augenfällig, wenn auch schwer beschreiblich, wechselnd nach der Zielsetzung. So schaukelten die Herren gern mit gefurchten Stirnen, gewichtig wie Dromedare im langsamen Trab zum Kontor, während hingegen einkaufende Mütter, von halberwachsenen Töchtern begleitet, an äsendes Rehwild mit Kitzen erinnerten. Dienstmädchen eilten für die Herrschaften zum Einkaufen. Die Kinderfräuleins schoben den wohlbehüteten Oberschicht-Nachwuchs an der Alster entlang.

Ich erinnere mich noch ganz genau an die Gruselgeschichte des sogenannten Freitagmörders, die mir meine Mutter immer dann erzählte, wenn ich vom Spielen zu spät nach Hause kam. Sie stutzen? Neugierig geworden, mein Bester? Na ja, so spektakulär war das Ganze dann rückblickend als Erwachsene doch wieder nicht, wenngleich ich des Abends oft Angst hatte, gerade, wenn es nieselte oder neblig war, und ich vor den Gärten der Fontenay, wo die Kaufleute und Anlieger des Harvestehuder Wegs morgens, mittags und abends zwischen Gartenhaus und Stadtkontor ihren Weg nahmen, mit schlechtem Gewissen und Gefühl heimwärts sprang. Sie müssen wissen, dass dort alle Freitage ein Bettler stand. Er bettelte übrigens immer vor einem anderen Stadttor. Dass ein Bettler ein Tagedieb sei, wird oft gesagt. Dass ihn die fleißigen Hanseaten, da sie ihn nur freitags sahen, sogar als Freitagsmörder bezeichneten, ist der Hamburger Achtung vor der Arbeit angemessen. Ich sah ihn auch eines Freitags und konnte danach nächtelang nicht schlafen, verbunden mit der Horrorgeschichte meiner Mum.
Ich erinnere mich noch an seine dolchartige Krücke des Bettlerstocks

und glaubte, in meiner überschwänglichen Phantasie Blut daran kleben zu sehen, was natürlich völliger Blödsinn war. Dennoch bekam ich dieses Bild lange Zeit nicht aus dem Kopf. Sie wollen wissen, was aus ihm wurde? Ganz einfach: Bis denn eines Abends einer der Spender den Mann bei Jacob zu Nienstedten im schönen Wirtsgarten hinter einer Flasche Sekt sitzen sah. Und nicht einmal allein. Die Dame dabei, hübsch aufgeputzt, pflegte sonst als die ‚Buckelige Harfenistin' vor den Gartenhäusern zu singen. Bei einer derartigen Lebensweise könnte ich mir gut vorstellen, dass sie in der Weltwirtschaftskrise von 1929 verhungert sind, so wie viele tausend andere auch. Im August 1931 stand Hamburg vor dem Staatsbankrott. Für weite Kreise des Bürgertums stellte sich die Geschichte der Weimarer Republik jetzt als eine permanente Verlustgeschichte dar. Den Nutzen hatten die extremen Parteien, die eine völlig neue Gesellschafts- und Staatsordnung versprachen: die KPD und vor allem die NSDAP. Da zeigte sich, dass auch Hamburger nicht gegen politischen Extremismus gefeit waren.

Ich merkte schnell. Klassischer Tanz erschien nicht erst nach dem Ersten Weltkrieg als erstarrte historische Form, die keinen künstlerischen Impuls mehr geben konnte. Der Ausdrucks- und Maskentanz setzte sich durch. Charakteristisch für Hamburg in dieser Zeit waren die Maskentänze, also schwere und körpergroße Masken in leuchtenden Farben aus Karton, Leinwand, Holz, Gelatine, Leder und Stahl; unheimliche Plastiken, expressionistischen Urtieren gleich. Im Winter 1920/21 hatte der Hamburger Tanz in Deutschland das höchste Niveau. Innerhalb eines Jahrzehntes hatte Hamburg drei Tänzerinnen eigenster Prägung hervorgebracht und hochgezüchtet: die Schwestern Gertrud und Ursula Falke und Laura Österreich. Das ist viel, wenn man bedenkt, dass der hohe Rang in Deutschland schwerlich ein Dutzend Vertreterinnen hat und dass insbesondere Berlin als eigenstes Gewächs nur die Valeska Gert, also eine Spezialistin, besaß. Als 1920 auch noch Jutta von Collande nach Hamburg übersiedelte, hielten wir sicherlich das höchste Tanzniveau in ganz Deutschland. Und von daher war es auch kein Zufall, dass sich das Genie Mary Wigman nirgends so rasch und entscheidend durchsetzte wie in unserer Stadt. Und man ergänzte sich gut. Im Wechsel lehrte die Wigman bei den Falkes und diese unterrichteten an der Wigman-Schule. Fast alle Tänzerinnen gründeten ihre Schulen und betrieben gemeinsam Werbung. Und in Hamburgs Theatern wurde viel geboten. Alle ein bis zwei Wochen gab es in jedem Haus eine Premiere; mehr als 40 Stücke standen pro Saison auf dem Programm und wurden in über 400 Vorstellungen gespielt. So ging etwa am Schauspielhaus 1925/26 an 286 Abenden und 185 Vor- und Nachmittagen der Vorhang hoch, was 471 Vorstellungen in neuneinhalb Monaten von 78 Werken ergibt.

Ich erkannte keine Vorbilder an. Ich war der Mensch, der sich selbst machte. Dem Ideal des klassischen Tanzes entsprach ich ohnehin nicht. Ich war ja kein schöner Mensch, aber ich glaube, ich war ein interessanter Mensch in dieser Zeit. Ich war keine der Luftibusse, also keine der Tänzerinnen. Interessant fand ich die Leute beim Theater. Und so reifte in mir nach und nach der Wunsch, Schauspielerin zu werden.

Mit gerade 14 Jahren sah ich Klabunds ‚Kreidekreis' mit Gustav Gründgens und Heinz Rühmann im Hamburger Theater. Von deren Darbietung war ich derart beeindruckt und beseelt, dass ich fortan auch eine erfolgreiche Schauspielerin sein wollte. Irgendwann beherrschte mich dieser Wunsch, dieses Verlangen bis in mein Innerstes. Aber ich wollte Gewissheit! Wollte die Bestätigung von höchster Stelle. Und die konnte ich nur in Berlin bekommen. Es tut mir etwas leid, aber, sorry, die damalige Hamburger Kulturszene war in den zwanziger Jahren dennoch im Vergleich recht übersichtlich. Es lockten keine renommierte Kunstschule, keine Traditions-Universität, kein überregional bekanntes Orchester oder Ensemble, kein progressives Publikum. Und dann hatte ich diese verrückte und zugleich waghalsige Idee, meinen Eltern vorzugaukeln, meine Tante in Berlin besuchen zu wollen. Das hätte ich eigentlich gar nicht machen müssen, da ich zu diesem Zeitpunkt schon allein in der Sierichstraße 60 im Stadtteil Winterhude, in der Nähe des Rondeelkanals wohnte und meinen Eltern keine Rechenschaft mehr abzugeben glaubte. Dennoch tat ich es. Es tat meiner Emanzipation jedenfalls keinen Abbruch. Tatsächlich wollte ich aber Max Reinhardt heimlich vorsprechen. Berlin! Oh, ich liebe Berlin noch immer! Im Jahre 1920 war Berlin – laut seiner

Größe – nach Los Angeles die zweitgrößte Stadt der Welt und 1925 bewohnten diese Stadt mehr als vier Millionen Menschen. In Berlin traf sich alles kulturelle Leben. In Berlin konzentrierten sich auch die meisten Betriebe und Konzerne sowie die Verwaltungsstellen, die eine große Nachfrage nach Angestellten nachwiesen. Dort waren ebenfalls die wichtigsten Vergnügungshäuser, Kinos, Kabaretts, Bars sowie Verlage und Zeitungen- und Zeitschriftenredaktionen zu finden. Auch die Schriftsteller und Schriftstellerinnen der Weimarer Zeit zogen ins Zentrum des kulturellen Lebens – entweder aus persönlichen Gründen, oder um in der Metropole neue Inspirationen für ihre künstlerische Arbeit zu schöpfen.

Berlin, das in den 1920er Jahren zum politischen Zentrum der Weimarer Republik sowie der Massenkultur und Angestelltenwelt avancierte, hatte damals die niedrigste Geburtenrate im ganzen Deutschland, die höchste Zahl der Geschiedenen sowie Kinderlosen. Ebenfalls wird vermutet, dass in Berlin die meisten illegalen Abtreibungen durchgeführt worden sind. Aber ich schweife ab.

Und Max Reinhardt war mein Superheroe inmitten dieses Ganzen! Ein Regisseur mit visionärer und höchst gestalterischer, kreativer Power! Er, der wichtige Teile des Bühnengeschehens zeitweise in stummes Spiel verlegte und schon vor dem Ersten Weltkrieg rein pantomimische Aufführungen zeigte. Daher war es nur allzu logisch für mich gewesen, in der Auseinandersetzung zwischen einer Theater spielenden Tänzerin oder aber tanzenden Schauspielerin, Reinhardt vorzusprechen. Er sollte schlussendlich Klarheit über meine berufliche Zukunft bringen. Und das ging zunächst völlig schief.

Zu dem Vorsprechen trug ich einen albernen Strohhut und ein Kleidchen. Ich wollte aus Frank Wedekinds ‚Lulu' vorsprechen. Das Einzige, was ich von dieser Rolle damals wusste, war, dass sie als die fortschrittlichste von allen galt. Den Unterschied zwischen Männlein und Weiblein kannte ich, aber von Erotik wusste ich nichts. Es war lächerlich. Zum Vorsprechen waren lauter mondäne Frauen gekommen und ich kleiner Idiot, der ich eine sehr erotische Szene gelernt hatte, die ich gar nicht verstand. Ich war als Letzte dran und hörte mein Herz in den Fingerspitzen schlagen. Zuerst sagte ich: „Ich brauche ein Sofa!“ Dann rief jemand: „Da drüben ist der Requisitenraum.“ Also zerrte ich eine Chaiselongue heraus, schob sie über die Bühne und legte mich darauf. Meine einzige Vorstellung von der Lulu. Als ich lag, rutschte mir der blöde Strohhut ins Gesicht. Und ich? Sagte nur: „Ja! Ja! Ja!“ Und deklamierte wild. Ich hatte meinen kompletten Text vergessen. Natürlich brüllendes Gelächter von überall her. Irgendwann rief ein Mann: „Mädel, geh besser nach Hause und lern deinen Text.“ Ich wäre am liebsten im Boden versunken. Ich dachte: avantgardistische Dramen zählen ohnehin viel mehr als Boulevardstücke. Berlin ist sehr großartig, aber es bietet einem keine Heimatlichkeit. Berlin ist zu überkandidelt, dann eben Düsseldorf, das ich kannte, weil meine Großeltern in der Nähe wohnten. Und alleine reisen kannte ich ja nun auch schon. Da war ich selbstbewusst und destruktiv gleichermaßen, um mir einzureden, dass unterwegs schon nichts passieren möge.

Ein älterer Mann half mir auf der Rückreise ins Ruhrgebiet mit dem Koffer in den Zug. In seinem gefurchten verschwitzten Gesicht spiegelten sich vier Jahre Gefangenschaft unter Männern, die die Welt kannten, unter angehenden Diplomaten, gescheiterten Existenzen, Gelehrten, Ganoven und Syphillikern. Er trug eine verschlissene Lodenwanderjacke, eine geflickte Hose und durchgelaufene Schuhe. Sofort, nachdem wir wie zufällig im selben Abteil zu sitzen kamen, begann er: „Diese Welt nähert sich ihrem Ende. Ein Tausendmarkschein ist nur noch ein Papierfetzen. Nichts zu kaufen. Alle Regale leer. Schwarzmarkt. Inflation. Glauben Sie mir, junges Fräulein, ich nehme wirklich jede Arbeit an. Ich bin Schauspieler und versuche, das Publikum abzulenken, zu berühren, zu orientieren oder zu bereichern, wenn alles gut läuft.“
Ich wurde aufmerksam: „Wo waren Sie denn zuletzt?“

Er legte seinen braungesprenkelten Hut feinsäuberlich auf die Knie: „Am Berliner Theater, aber wissen Sie, schönes Fräulein, im Grunde gibt es das Theater ja gar nicht. Es ist wie eine Fontäne. Es existiert für die zwei Stunden, da die Schauspieler es tun. Dann ist es wieder weg. Sind Sie etwa auch im Theater tätig?“

Ich nickte. Er beugte sich zu mir herüber. Er hatte einen schrecklichen Mundgeruch, was ich auf wochenlangen Hunger und Magenprobleme zurückführte, was ihm aber egal schien.

„Hören Sie, Mädchen, lassen Sie's. Ich bitte Sie inständig. Sie sehen's doch an mir. Obwohl ich keine Angst vor Berlin hatte, wurde ich von dieser Stadt gefressen. Anfangs durchstreifte ich diese Riesenstadt, dieses gewaltige Schlachtfeld, auf dem schon so Viele lautlos untergegangen sind. Ich fraß alles: Komplimente, Beschimpfungen, kleinste Rollen, eiskalte Hallen, Zweifel, Lobhudeleien, Intrigen. Ich fraß diese verfluchten Goldenen Zwanziger mit ihrem billigen Kitsch. Als es als Schauspieler nicht klappte, tippte ich ein paar dilettantische Theaterkritiken. So entging ich wenigstens für diese wenigen, glückseligen Stunden dem Martyrium unseres Vaterlandes. An jedem Abend spielten großartige Mimen. Und wenn nur ein einziger Star inmitten eines minderwertigen Ensembles auftrat, lohnte es sich, hinzugehen. Man saß in ausverkauften Häusern, in den vielen, meist von Außenseitern und Einzelgängern eröffneten Kabaretts lachten Unzählige über geniale Komiker und waren zu Tränen gerührt von den neuen Chansons, die nach einigen Zynismen das Gemüt ins Stolpern brachten. In nahezu jeder Woche trat eine neue, unbekannte Tänzerin auf. Die Stadt verlangte nach Frischfleisch und ihr Hunger war unstillbar. Es war eine Lust zu leben. Aber dafür arbeitete man in Berlin härter als in jeder anderen gottverfluchten Stadt! Und dann spuckte mich dieses Ungetüm hier am Bahnhof wieder aus. Es hatte genug von mir. Und einmal ausgespuckt, hat man ab dann für immer diesen üblen Geruch an sich kleben, den andere schon von weitem riechen, weil er ihnen selbst schon anhaftet."

Angeekelt wandte ich mein Gesicht von ihm ab und versuchte, mich auf meiner Seite des Sitzes so klein wie möglich zu machen. Dennoch hörte ich mich sehr dominant und auf einer wohlerzogenen Dame sehr unwürdigen Weise sagen: „Ich verstehe mich nicht als Schauspielerin. Und ich will Ihnen auch erklären, warum nicht. Ich glaube nicht an die Schauspielerei. Menschen schauspielern ihr Leben lang. Geben vor, etwas zu sein, was sie gar nicht sind. Aber wenn man auf der Bühne steht oder vor der Kamera, geht es um etwas völlig anderes. Da muss man geben. Nachfühlen. Sein Innerstes nach außen kehren. Und natürlich muss man Talent haben. Aber das ist ja von Beginn an da oder nicht. Methodik hat auf einer Bühne überhaupt nichts verloren! Wenn man wirklich Schauspieler sein will, sollte man sich nur seine Sensibilität bewahren. Seine Lebendigkeit. Man muss die Menschen studieren. Und von den Millionen Facetten, die natürlich einen Charakter ausmachen, setzt man die paar um, die einem wichtig erscheinen. Ich bin eine Künstlerin auf der Bühne. Ich liebe die Bühnenkunst. Sie ist wie ein Kräftefeld, auf dem unterschiedliche künstlerische Temperamente mit einem begeisterungsfähigen Publikum zusammentreffen, um der neuen Kunst, den Baumeistern der Zukunft, Stätte und Gehör zu bereiten. Das ist schon alles."

Er verzog den Mund: „Woher kommen Sie, Fräulein?"
„Aus Hamburg."
Er seufzte: „Expressionistische Scheiße ist das! Konventionelles, verstaubtes, kommunales Stadttheater! Kein Weitblick! Keine Fantasie! Kein Gespür für das große Geld! Und dann dieser Gründgens, dieser Monokelprinz mit seiner Theaterästhetik! Ich kann das einfach nicht mehr hören. Präzision und Formbewusstsein sollen eine sachlich fundierte Begeisterung beim Publikum erzeugen. Und damit will sich dieser selbsternannte Jahrhundertkünstler auf der Bühne gegen die Konkurrenz von Kino und Sportarena behaupten? Ich bitte Sie! Das ist doch lächerlich!" – Er sah mich scharf an: „Sie sind auf der Flucht, stimmt's? Oder zumindest mit einer netten Lüge unterwegs? Habe ich recht?" Er stieß mich an, grinste frech.
„Ich lüge niemals", behauptete ich inbrünstig, „ich fahre zurück zum Krefelder Theater. Ich habe Verwandte und eine große Zukunft da."

Warum ich da log, weiß ich nicht. Nennen Sie es verletzten Stolz oder die Entrüstung über mein Erwischtwordensein. Es ist wohl meinem quecksilbrigen Temperament zu verdanken, dass ich spontan meine Pläne änderte und nach Krefeld reiste. In der Zwischenkriegszeit gastierten hier prominente Mimen mit heute noch klingenden Namen wie Asta Nielsen, Fritz Kortner und Alexander Moissi, Max Pallenberg und Paul Wegener.

Aber auch das Krefelder Theaterensemble unter den Intendanten Otto Maurenbrecher und Ernst Martin leistete Beachtliches. Das Stadttheater in der Rheinstraße beschäftigte in der Spielzeit 1924/25 ca. 14 Schauspieler und acht Schauspielerinnen sowie zwölf Sänger und 10 Sängerinnen. Die Krefelder Bühne war von September bis in den Juli des folgenden Jahres geöffnet. Regie- und Dramaturgieaufgaben in Operette und Schauspiel übernahmen Mitglieder des Darstellerpersonals, einen eigenen Regisseur gab es lediglich für die Oberspielleitung der Oper. Pro Woche standen ein bis zwei Premieren oder Wiederaufnahmen alter Inszenierungen auf dem Programm. In der ein- bis sechswöchigen Probenarbeit mussten sich die Darstellerinnen und Darsteller mit ihrem neuen Text vertraut machen, daneben frischten sie bereits Gelerntes auf und standen fast täglich in wechselnden Rollen auf der Bühne. Theatergemeinschaften des deutschen Bühnenvolksbundes, der eher konservativ-christlich orientiert war, und die links-liberale Freie Volksbühne traten in der Stadt auf.

Er sah mich mit großen Augen an: „Ob es da was für mich zu holen gibt? Also, wenn Sie Beziehungen zu der Theaterszene dort haben, dann – dann könnten Sie ja vielleicht ein gutes Wort für mich einlegen? Ich werde bis dahin auch wieder nüchtern und unspektakulär sein."
„Das entscheidet ganz allein die Theaterkommission oder ihr Unterausschuss", gab ich altklug vor. „Er veranlasst das Probesingen, entscheidet über die Neubesetzung von Stellen des künstlerischen Personals und hat damit erheblichen Einfluss auf die künstlerische Qualität des Theaters. Ich kann da leider nichts tun. Sorry."
Erbost sprang er auf, raffte seine erbärmlichen Habseligkeiten zusammen und fluchte, während er sich unbeholfen in den Gang schob: „Dieses Mädchen ist ein Frankenstein!"

In Krefeld betete ich zuerst im Gemeindehaus der Jüdischen Gemeinde, in dem sich noch ein Restaurant, Saal und Bridgezimmer befanden. Hier wurden auch Konzerte und Theaterveranstaltungen ausgerichtet. Ich war nur froh, diesen Unbekannten losgeworden zu sein und dankte unserem Herrgott über meine Rettung. Das der Jüdischen Gemeinde gehörende Grundstück Bleichpfad 37 wurde 1942 an die

Firma Schäfer & te Neues für 7300 Reichsmark zwangsverkauft. Ein Schnäppchen. Emilie und Erwin Kober, die, aus Bonn kommend, das Begegnungszentrum betrieben, wurden deportiert und vermutlich in den deutschen Konzentrationslagern Sobibor oder Belzec im Bezirk Lublin ermordet.

Dann ging ich schnurstracks in die Bismarckstraße, wo ich aufgewachsen bin. Melancholisch, verwirrt, und zugleich in der vollsten Aufbruchsstimmung. Ich dachte an meine Mum. Ja, was sie als Künstlerin nicht geschafft hatte, wollte ich verwirklichen. Plötzlich hörte ich meine Mutter in meinem Kopf flüstern: Luischen, wenn du eines Tages viele Kinder hast, erziehe sie bitte im jüdischen Glauben. Und wenn du dann immer noch in Krefeld wohnen solltest, dann suche bitte unseren Kinderarzt Dr. Isidor Hirschfelder am Ostwall 148 auf, der sich durch die Einrichtung von Mütterberatungsstellen große Verdienste hier erworben hat. Und wenn es dir, liebes Luischen, einmal körperlich und geistig sehr schlecht gehen sollte, dann zögere bitte nicht, und gehe sofort in die Düsseldorfer Privatklinik von Prof. Dr. Thannhauser und Prof. Dr. Boden!

Mit klopfendem Herzen erreichte ich kurz darauf das Krefelder Stadttheater auf dem Ostwall, an der Ecke zur Rheinstraße und vorbei am Haus der Gesellschaft Verein. Die ‚Gesellschaft Verein' war eine geschlossene Gesellschaft der Reichen, Prominenten sowie der Spitzen von Behörden und Militärs aus Krefeld. Mit einem Lesezimmer, einem Billard-Zimmer, einer Kegelbahn sowie einem großen gepflegten Garten. Ein Weinkeller bot 200000 Flaschen feiner Weine. Hier wurde die Krefelder Politik gemacht und die war rechts und national. In einem Artikel der ‚Heimat' heißt es dazu: ‚Sicher ist, dass nichts Wesentliches in der Stadt geschah, was nicht vorher im ‚Verein' vorberaten und beschlussreif gemacht worden wäre. So nahm die ‚Gesellschaft Verein' schon nach 1900 keine Juden mehr auf.

In dieser Zeit war ich mehr unter den Zuschauern als auf der Bühne, obwohl man mir nun ein erstes Engagement angeboten hatte. Manchmal war ich bei den Statisten dabei. Ich weiß, dass ich dazu vertraglich verpflichtet war, aber es war mir so schrecklich, diese Statisterie mitzumachen, die so leicht jedes Schulmädel bewältigen konnte. Ich hatte das irritierende Gefühl, dadurch dem Publikum entwertet zu sein. Ich wurstelte mich so durch, immer begleitet von phasenweisen Temperatursteigerungen und Gewichtsabnahme. Dazu dieser bellende Husten. Ich fühlte mich sehr wenig wohl in dieser Zeit, fehlte unentschuldigt bei Proben oder versäumte meine kleinen Auftritte in der Aufführung oder bei den Geräuschen. Dann eine Mandelentzündung hier, und die hatte ich leider des Öfteren, oder Probleme mit Magen und Darm dort, zwangen mich immer wieder zu Pausen, die mir als unqualifizierbares Verhalten vorgehalten und mit Disziplinarstrafen belegt wurden. Einer der Theaterplatzhirsche meinte sogar: „Glauben Sie nur, es ist alles viel einfacher, wenn man ganz korrekt ist. Also studieren Sie fleißig die Hausordnung und seien Sie in Zukunft weniger hinterhältig."

Im Januar 1927 sah ich in Krefeld einen echten Tumult im Theater! Nach der ersten Vorstellung des Black-People-Gastspiels. Die zweite Vorstellung geriet außer Kontrolle. Doch weder die Stadt, noch Polizei oder die belgische Besatzungsmacht schritten ein. Ein Skandal! Fünf Monate zuvor war dieses einmalige Gastspiel der afro-amerikanischen Revue Black People von Louis Douglas mit der Musik von Joe Solmer und Spencer Williams schon im Landestheater Oldenburg aufgeführt worden. Ohne Zwischenfälle war die Tanzrevue vom 31. August 1926 bis 30. Juni 1927 dort gelaufen. Ich weiß es noch wie heute. Es ging in der Revue um die Baumwollarbeiter Dandy und Dinah Belle. Dandy, der Schönste und Feschste der ganzen Plantage, liebt Dinah, auch sie eine wahre Schönheit. Sie heiraten und es wird viel getanzt. Es gibt da den Cake-Walk oder den Charleston. Dandy und Dinah tanzen und belustigen die Gäste im Cabaret, die ebenfalls zu tanzen und zu singen beginnen. Oh ja, der Shimmy Foxtrott, der Jazz Drill oder der Bootleg Whisky Blues. Fantastische Sänger und Tänzer! Maud de Forest als Dinah, Rastus Banks als Dandy, und nicht zu vergessen – die Southern Delights: Evelyn Anderson, Marion Cook, Tiger Lily ... ach, und alle die anderen. Wunderbar was das. Auch die Dekorationen von den Dudley Sisters. Aber für Krefeld wohl zu viel.

Ich kann die Erregung, die Wut des Publikums hier in Krefeld irgendwie auch begreifen. In den frühen 1920er Jahren waren afroamerikanische Truppen nun ins Rheinland einmarschiert: französisch belgische Kolonialtruppen mehrerer Länder und Regionen von Afrika, einschließlich Algeriens, Marokkos, dem Senegal. Und die hatten jetzt plötzlich überall das Sagen. Und mit ihnen kamen afro-amerikanische Künstler. Musiker sangen plötzlich Lieder von Brahms, Schumann, Strauß oder Beethoven. Viele bemerkten zu Recht, dass das deutsche Liedgut damit noch höher einzuschätzen war, als ohnehin schon bekannt. Andere sahen die deutsche Kultur in großer Gefahr. Minderwertige schwarze Künstler, so deren Meinung, stellten eine tödliche Bedrohung für die deutsche Kultur dar, die ohnehin nach dem Ersten Weltkrieg darniederlag. Der Versailler Vertrag, der Verlust der deutschen Kolonien. Und dann kam der Black Horror on the Rhine. Die Schwarze Schmach. Und natürlich musste, nach denen, die Würdigung einer romantischen, klassischen Vorstellung von Innigkeit, Natur und Volk vor der primitiven, wilden Jazzmusik bewahrt werden. Da man auch musikalisch ausgehungert war, dachten viele, dass das Publikum dann alles konsumieren würde, was angeboten würde. Auch und gerade Exotentum. Aber das Misstrauen wuchs. Auf Plakaten schürten Agitatoren die Angst der einheimischen Frauen vor den lüsternen schwarzen Soldaten. Und dann kamen die Chocolate Kiddies Revue, Josephine Baker, Ruth Bayton und die Black People Revue. Und plötzlich sah ich ein mir nur allzu bekanntes Gesicht wieder: den unbekannten Mann aus den Zug. Er schrie: „Ich bin von ganzem Herzen Deutscher! Ich verstehe nicht, wie man diese Nigger hier reinlassen kann! Die haben uns schon im Krieg die Ohren und Nasen abgeschnitten!"

Nach diesem Desaster verbot der Bürgermeister von Elberfeld den Auftritt der Black People Revue, weil, laut Bürgermeister, das Rheinland ohnehin schon genug unter der Schwarzen Schande gelitten habe. Daher war ich froh, mich in dieser Zeit mehr der Oper und Operette in der Seidenstadt verschrieben und mein Glück in diesem Genre gefunden zu haben. Wir hatten hier eben eine ausgeprägte Musiktradition und viele musikalische Vereine. Die Krefelder Oper hat in der musikalischen Stadt von jeher besondere Wertschätzung genossen. Für die Saison

1926/27 erzielte eine Operetteninszenierung durchschnittlich mehr Aufführungen als eine Schauspielinszenierung. Es gab jetzt zwar mehr Schauspielinszenierungen, diese einzelnen Werke wurden aber im Vergleich seltener aufgeführt. Viele Inszenierungen bedeuteten auch viele neue Künstler und damit die Chance, als neues Talent entdeckt zu werden. Diese Chance wollte ich mir nicht entgehen lassen. Also gab ich zu Beginn mein Bestes, was mir aber auf Dauer nicht reichte und augenscheinlich nicht geschätzt wurde. Also ließ ich es schleifen und nach fast einem Jahr Quälerei hatte ich die Nase von Krefeld voll.

Auf einmal stehen die Journalisten wieder Schlange. Nur, weil ich demnächst 105 werde. Schon jetzt rufen ständig Zeitungen an, englische, deutsche, schweizer, und dann auch noch das Fernsehen. Einfach chrecklich. Ich muss bei jeder Anfrage überlegen, wen ich in meine Privatoase lasse. Hier, am Eaton Square, lebe ich jetzt schon seit mehr als 20 Jahren, also seit 1992. Vivien Leigh wohnte hier auch. Tragisch. Auch sie gewann zweimal die begehrte Trophäe: für ‚Gone with The Wind' von 1939 und ‚A Streetcar Named Desire' aus dem Jahr 1951. Leider wurde sie nicht mal 54 Jahre alt. Heute leben hier nur noch Neureiche. Es ist die Top-Adresse in London. Immerhin in der Nähe vom Buckingham Palace. Ein Haus hier kostet durchschnittlich etwa 17 Millionen Pfund. Habe ich mir von Freunden sagen lassen. Aber ich brauche jetzt unbedingt eine Pause. Sehen wir uns morgen, ja? Sehr schön! Maggie! Please escort the young man outside.

Nun hatte ich sie also gesehen und sie hatte mit mir gesprochen. Aber mein Anliegen wurde ich bei ihr nicht los. Ich möchte einen schönen Wandkalender mit zwölf Monatsblättern kreieren, auf dem sich rückseitig Geschichten, Anekdoten, Lebensweisheiten und die Betrachtungen von 100-Jährigen befinden. Ich starte entsprechend mit dem Januarblatt, und da Frau Rainer im Januar geboren wurde, ist sie auch als Erste dran. Bislang weiß ich noch nicht, was ich von ihr nehmen soll. Ich weiß nur, dass ich ihr morgen sagen werde, dass ich kein Journalist bin. Ich bin sehr von ihr angetan. Sie hatte sich extra hübsch zurechtgemacht, obwohl sie keine Kosmetik mag. Roter Lippenstift, Perlenkette, goldene Schuhe, helle Hose, beiger Rollkragenpullover, sorgfältig lackierte Fingernägel. Auch wenn sie

so zerbrechlich ist: ihre Ausstrahlung ist immer noch die einer Filmdiva. Schon als ich hereinkam, hatte sie mir elegant ihre Hand zum Kuss hingehalten, den ich natürlich erwiderte. Und bereits vor ihrer Haustür hatte ein Wächter, der für die Sicherheit der Bewohner verantwortlich ist, mich nach Ausweis und Anliegen befragt. Erst, nachdem ich ihm die von Luise Rainer unterschriebene Einladungskarte gezeigt hatte, drückte der elegante Riese auf den Klingelknopf zu Frau Rainers Wohnung.
„Who is there?", fragte eine Frauenstimme durch die Gegensprechanlage. Ich stellte mich höflich vor. Der Wachmann schloss die Haupttür auf und ließ mich ein.

Ich ging über einen bordeauxfarbenen Teppich zu einem Aufzug mit goldenen Beschlägen. Oberster Stock. Wohnung D. Dort angekommen, schritt ich erneut einen prachtvoll gestalteten Gang entlang. Eine Tür öffnete sich und eine zierliche, für einen Europäer klein wirkende Frau stand höflich abwartend und beinahe schon ungerührt im Rahmen. Es war Maggie, das philippinische Dienstmädchen von Frau Rainer. Wortlos führte sie mich in die Eingangshalle. Mein Blick fiel auf eine goldbraungeblümte Tapete, die sich den schmalen Flur entlang zog und nur durch ein- und abgehende, dunkelbraun-massive und verzierte Türen in ihrem Lauf unterbrochen wurde. Zentral eine Figur ihrer Enkelin auf einem kleinen Nussbaum-Schränkchen. Drei Schritte davon entfernt, das nach Süden ausgerichtete Arbeitszimmer, sehr viel spartanischer eingerichtet mit einem eher schlichten, rechtwinkligen Schreibtisch sowie zahlreichen weiß lackierten Bücherregalen und fein säuberlich eingerahmten Auszeichnungen hochdekorierter Politiker und Schauspielerkollegen. Die großen, lichtdurchflutenden Fenster sahen ohne Gardinen beinahe schon nackt aus. Hier bewahrte Frau Rainer auch ihre beiden Oscars von 1936 und 1937 auf.

Nur unweit davon lag das Zeichenzimmer, ein eher traditioneller Salon an der Vorderseite. Ein weißer, heller Zauber inmitten von gegenübergesetzten Sofas, artig zusammengebundener seidener Vorhänge, dahinter transparent goldschimmernde Jalousien, Mahagoni-Sekretär, Madonna und duftende Freesien. Hier bewunderte man die zahlreichen Ölgemälde und Collagen der Diva. In einer anderen Ecke des Zimmers ein zweiter massiver Mahagoni-Schrank, davor, fast schon etwas ängstlich dreinblickend, eine Sitzgruppe, bestehend aus sechs beigefarbenen, goldverzierten Stühlen und einem im selben Dekor gehaltenen Tisch mit dominanter Glasplatte. Darauf ein goldener Kerzenleuchter mit roten, langhalsigen Kerzen und einer bauchigen Blumenvase.

Auf dem beigen edlen Teppich waren unsere Schritte kaum zu hören. Wir erreichten das in Pfirsichton gehaltene Schlafzimmer, meinen heutigen Empfangsort. Sogar das Bett kuschelte sich zwischen einer dezent im Hintergrund gehaltenen Fotoecke und einem großen, über dem Bett schwebenden Ölgemälde in die Szene ein. Auf dem Ölgemälde rennt ein kleiner Nackedei mit einem viel zu großen Hut. Es ist Luise Rainers Enkel. Selbstgemalt. Neben ihrem Bett standen auf einem kunstvoll verzierten Servierwagen ein Teeservice, Kekse, zwei Sherrygläser, eine gefüllte Karaffe sowie ein goldenes Milchkännchen.

„Would you like some tea and biscuits?", fragte sie mich, ließ sich zu einem grazilen Handkuss verleiten und bat mich schließlich mit einer einladenden Handbewegung, an einem kleinen Tisch Platz zu nehmen. „Ich bekomme nicht mehr oft Besuch. Aber meine Fans haben mich noch nicht vergessen", sagte sie leise und lächelte. „Als Vivien hier 1958 einzog, war die Wohnung nicht groß, aber John Fowler, ihr Dekorateur, verwendete spezielle Farben, um sie größer erscheinen zu lassen. Damals lagen auf der einen Seite die Küche, auf der anderen die Schlafzimmer hinter einer Tür, die mit einem Diamantgitter umfasst war. Neben dem Flur befand sich eine Art Bettnische, mit Säulen verziert, die als Esszimmer diente. John malte die Pfeiler feuerrot und hängte kastanienbraune Seide und Samtvorhänge in den Raum. Die Wände ließ er brombeerpurpur streichen, gab einen dezent-grünen Teppich und dicke, champagnerfarbene Vorhänge dazu. Der Hauptraum der Wohnung, der Empfangsraum, verfügte über einen grünen und malvenfarbenen französischen Kamin und verspiegelte Wände. Ein Degas-Gemälde hing über diesem Kamin. Den Boden zierten ein limettengrüner Teppichboden und ein großflächiger Teppich. Viviens Schlafzimmer hatte rote und rosabemalte Kohl-Rosen aus edlem Stoff, der von der Decke hing. Wenn man den Stoff an ihrem Kamin zurückzog, gab dieser eine rosa Wand und einen venezianischen Spiegel frei. Nach Viviens

Scheidung von Larry 1960, behielt sie diese Wohnung als ihre eigene. Sie lebte hier bis zu ihrem Tod mit dem Schauspieler Jack Merivale.

Nach ihrem Tod wurde hier am Gebäude eine blaue Plakette mit ihrem Namen und ihrem Geburts- bzw. Sterbedatum befestigt. Ich beachte die Tafel kaum. Denn solange man ja am Leben interessiert bleibt, ist man nicht alt. Wer von 1967 bis 1992 hier wohnte, ist mir leider nicht bekannt, Darling. Als die Möbelpacker damals kamen, benutzte ich einen Oscar als Türstopper. Als solcher war er dann leicht angeschlagen und so entschied ich mich spontan, ihn einem der netten Möbelpacker zu schenken. Ich hatte ja ohnehin zwei davon. Später merkte ich allerdings, was ich da Leichtsinniges gemacht hatte und ließ mir von der Akademie in Hollywood einen Ersatz-Oscar schicken. Ich bin schon zehn Zentimeter geschrumpft, bin jetzt nur noch so um die 1,60 m groß und einen Manager habe ich auch nicht mehr. Aber ich bin eine stolze Oma. Meine Enkel Luisa und Nicole sind wunderbar. Und ich bin auch noch die Ur-Oma von Luca und Hunter. Es ist ein wunderbares Gefühl, die Kleinen um mich zu wissen. 14 Monate nach der Geburt von Francesca, am 2. Juni 1946, ging ich wieder auf US-Tour. Mit ‚Joan of Lorraine'. Ingrid Bergman war ursprünglich für die Hauptrolle vorgesehen gewesen. Aber ich bekam sie."

Sie machte eine kurze Pause.

„Stellen Sie das Ding noch nicht an, meinte sie plötzlich und deutete auf das Aufnahmegerät, das ich auf den Tisch gestellt hatte. Meine Stimme klingt furchtbar, wenn sie nicht eingespielt ist. Es folgten ein paar Stimmübungen, dann gab sie mir ein Zeichen, das Gerät zu starten: „Ich warne Sie. Es ist eine lange Geschichte. Also nehmen Sie sich einen Sherry, aber nicht so zimperlich..."

Kapitel 2

Kapitel 2

Schön Lehrling bleiben, mein Kind (1927-1931)

Lieber Freund, Sie haben gestern Ihren Sherry nur halb ausgetrunken. Daher habe ich Ihnen durch Maggie heute Tee servieren lassen, wenn es Ihnen recht ist, ja? Gott sei Dank bin ich sehr gesund. Ich habe schon immer von Natur aus eine Aversion gegen alles Ungesunde gehabt. Nie würde ich Drogen nehmen. Oder zu viel Alkohol trinken. Ich will immer klar sein. Man weiß ohnehin schon so wenig im Leben – dann würde man ja überhaupt nichts mehr wissen. Und viel wusste ich in dieser aufwühlenden Zeit nicht, nur, dass ich unbedingt Theater spielen wollte. Ja, schon, ich hatte ein erstes Engagement in Krefeld gehabt, hatte dort aber sehr unglücklich agiert. Ich galt als schwierig, rebellisch. Dabei wollte ich alles einfach nur perfekt machen. Ich verlangte immer 100 Prozent und mehr und das auch von den anderen Theatermachern. Ich war kränklich, kleiner als die anderen, aber unbändig wild.

Dem Leben wollte ich all das abringen, was viele andere schon von Anfang an scheinbar mühelos geschenkt bekommen hatten: vor allem Liebe. Vom Vater war diese nicht zu bekommen. Wir stritten uns oft, er machte uns häufig eine dramatische Szene, wenn er merkte, dass Mum und ich ihm überlegen waren. Wobei Mum immer versuchte, es allen Seiten recht zu machen. Er war ein ruheloser Mensch. Wie ich. Vor allem Anerkennung. Von der Gesellschaft war diese nicht zu bekommen. Wir waren jüdisch und wurden ständig verspottet, ausgegrenzt, beneidet. Später vernichtet. Wir mussten kreativ und improvisationsfreudig und zugleich zäh und optimistisch, aber auch stets misstrauisch sein, um der drohenden Vernichtung zu entgehen. Und Anderssein wird ohnehin oft als Bedrohung erlebt. Vor allem Freiheit. Von meiner Generation war diese nicht zu bekommen. Und für eine junge Frau wie mich schon gar nicht. Eingezwängt in Strukturen, die durch männliche Vorstellungen und Rituale vorgegeben sind. Eingezwängt in dem Glauben, dass das, was Männer tun, einen höheren gesellschaftlichen Rang habe.

Leider war ich auch im Theater nie frei gewesen. Das Schauspielhaus in Krefeld, wie alle anderen Häuser dieser Zeit auch, war eine kulturelle Festung. Mit Wehrtürmen, gespickt mit Disziplin und Überwachung. Mit Fenstern, aus denen nur die Standfestesten, wie willentlich Gebrochensten und größten Ja-Sager und Schleimer in die bunte Schauspielwelt hinauszublicken wagten. Mit Eisentüren, durch die nun keine Freigeister zu gehen trachteten, die ihre Fesseln in der kreativen Schauspielkunst abzulegen hofften. Mit Klassen- und Übungsräumen, die mit Intrigen gepflastert und in denen öffentlich zu Spionage und Hochverrat an der Kunst aufgerufen wurden.

Es wird gemeldet – diesen Satz musste ich so oft hören und lesen. Gottlob war ich nicht immer die Einzige, die dann zum Rapport musste. „Bevor ich weitere Schritte unternehme, erwarte ich Ihre Erklärung", eine andere, vielbenutzte und gefürchtete Reliquie aus dieser Zeit. Denken Sie sich, mir wurde sogar eine Heirat mit einem Schauspielerkollegen angedichtet. Mit Joseph Schildkraut, wie ich auch Jude und damit gebrandmarkt, wurde ich in Verbindung gebracht. Gleich und gleich gesellt sich eben gern. Da hat man ja sofort zwei Juden zusammen. Da macht sich das Denunzieren leichter. Denken Sie sich, Schildkraut kenne ich gar nicht, soll aber noch bis 1933 mit ihm zusammen gewesen sein! Ironie der Geschichte: er rächte sich später indirekt, indem er 1959 in dem Film ‚The Diary of Anne Frank' die Rolle des Otto Frank, Annes und Margots Vater, spielte.

Ich wollte Teil der überschäumenden 20er Jahre sein, der Roaring Twenties. Wollte alles mitnehmen und durchleben, da niemand wusste oder es wissen wollte, was morgen ist. Ein Morgen gab es für meine Generation nicht. Meine Generation hatte an der Front gekämpft, gehungert, gefroren, war kollektiv gestorben. Wenn nicht körperlich, so doch psychisch gestorben. Vergiftet von Traumata und Entbehrungen aller Art, die sich heute keiner mehr von uns vorstellen kann und will!

Was hinter den Türen des Lebens geschieht, das ist nicht starr wie Säulen einer Architektur, nicht vorgezeichnet wie der Bau einer Symphonie, nicht berechenbar wie eine Sternenbahn, sondern es ist menschenhaft, flüchtiger und schwerer zu greifen als Wolkenschatten, die über eine Wiese wandern. Das schrieb Vicki Baum in ihrem Roman ‚Menschen im Hotel'.

Und sie hat Recht damit. Man wird auf Dauer krank, wenn man vorwärtskommen möchte, aber immer derart daran gehindert wird. Das Schauspielhaus mit seiner Kleinkariertheit, seiner muffigen Enge und Begrenztheit, seinen peinigenden Regeln und Vorschriften war mir, der genialen Schauspielerin, die zu etwas Höherem berufen ist, abgrundtief zuwider. Es war überall nur Ablehnung. Ich hatte im wahrsten Sinne des Wortes in Düsseldorf ausgespielt. Es ging für mich dort nicht weiter. Ich hatte überzogen. Ich hatte es vergeigt. Irgendwann fragte ich mich: Warum soll ich mich nach unten orientieren? Provinztheater spielen? Nein, habe ich zu mir gesagt. Nein, Luise, ich orientiere mich ins Unerreichbare. Nach Hollywood!

Die Krankheiten verschafften mir die Möglichkeit, den Sprung über den Teich zu wagen. Selbstverständlich war ich nicht krank. Aber in meiner Genialität erschien es allen so. Jeder Arztbesuch geriet zu einem meisterhaften, ausdrucksstarken Schauspiel, und man glaubte mir, dass ich dermaßen lungengeschädigt sei und dringend eine Auszeit benötigen würde. Und genau darum ging es. In diesen Auszeiten entkam ich dem Düsseldorfer Klüngel und konnte gewissenhaft meine Ausreise in die USA und mögliche Gastauftritte planen und organisieren.

Genial richtete ich mich in meinem Krankheitsbild, der fortschreitenden Lungentuberkulose, die es ja wirklich bei mir und meiner Familie gab, ein. Ich formte dieses Bild durch Phantasie, Kreativität und letztendlich Genialität zu einem glaubwürdigen Instrument aus, mich auszuschließen. Und wo dies nicht reichte, provozierte ich so lange, bis ich mein Ziel erreicht hatte. Die Nummer mit dem Schuh, lieber Freund, werde ich Ihnen natürlich nicht vorenthalten. Doch bitte gedulden Sie sich noch eine kleine Weile.

Zahlreiche Atteste aus der Zeit am Düsseldorfer Schauspielhaus künden von dieser psychischen Schieflage, die ich genial inszenierte und die ich dankend und lachend gerne mitnahm. Ich verspottete sie alle. Ich war Gott, sie waren meine Anbeter. Am 7.12.1929 schrieb Prof. Dr. Siegfried J. Thannhauser, Direktor der Städtischen Krankenanstalten in der Cecilienallee 40 in Düsseldorf dem Intendanten Gustav Lindemann: „Meine kleine Patientin Frl. Luise Rainer war in einem mitleidserregenden Nervenzustand in meiner Sprechstunde. Ihre seelische Bedrängnis bedarf keiner Psychoanalyse. Sie liegt sehr klar zu Tage. Frl. Rainer erzählte mir, dass es ihr gegenwärtig vollständig unmöglich wäre, in Düsseldorf ihren Beruf auszuüben."

Die Lehrer, die sich an die ersten Proben des seltsamen Kindes erinnern, erzählen, dass ihre Feinnervigkeit derart zart und ausgesprochen war, dass sie nach jeder Rolle an Kräften verbraucht und mit zerrütteten Nerven zurückblieb. Ferner waren Unberechenbarkeiten, unheimlich sprunghafte Launen, unvermittelte Empfindlichkeiten, nicht minder stürmische Freudentaumel. Derart intensiv durchlebte ich die Qualen meiner Rollen. Meine vibrierende Feinnervigkeit lehnte den Weg der akademischen Wiedergabe ab. Irgendwie erinnern Sie mich ein bisschen an Prof. Dr. Boden, dem ich mein Herz ebenso ausgeschüttet habe wie Ihnen jetzt. Er war ein großartiger Mensch und hatte stets großes Verständnis für das Innenleben anderer.
Auch ihn führte ich gekonnt hinters Licht.

Wenn ich heute zurückblicke, dann kann ich nur sagen, dass eigentlich alles ganz wunderbar begonnen hatte. So, wie ich es anfangs wollte. Am 1. März 1928 unterschrieben mein Vater und ich den Vertrag als Schauspielerin, der mich als Anfängerin auswies und der zunächst vom 1. September 1928 bis 30. Juni 1930 terminiert wurde. Ich verdiente monatlich 120 Mark. In einem Ergänzungsvertrag vom 11. Februar 1929 sogar 300 Mark monatlich. Und in der Zeit vom 1. Juli 1930 bis 31. Juli 1931 waren es stolze 500 Mark im Monat! Wenn man bedenkt, dass eine Textilarbeiterin in dieser Zeit nur rund 130,- monatlich verdiente, war dies schon eine bemerkenswerte Summe.

In freudiger Anerkennung meines Talentes hatte ich unterzeichnet und war mit großen Vorschusslorbeeren dort als Schauspielstudentin eingestiegen. 1924 war dem 1904 gegründeten Schauspielhaus eine Theaterakademie, die Hochschule für Bühnenkunst, angegliedert worden. Aus dieser Theaterakademie ging Gustaf Gründgens als bekanntester Schüler hervor. Die Kurse an der Akademie dauerten zwei Jahre. Dann erfolgten die Abschlussexamina und danach ging's endlich rauf auf die Bühne, wobei man auch dann noch weiterhin Kurse zu besuchen hatte. Über allem prangten die Namen Louise Dumont und Gustav Lindemann. Sie waren die damaligen Gründer des Schauspielhauses gewesen. Gustav Lindemann war schon 1897 ein sehr erfolgreicher Theaterdirektor in Graudenz und Marienwerder gewesen, bevor er 1903 eine der größten deutschen Schauspielerinnen der damaligen Zeit, Louise Dumont, kennengelernt und 1907 geheiratet hatte. Sie finanzierte fast vollständig den Bau des Schauspielhauses mit ihrem Privatvermögen und nur ein kümmerlicher Rest wurde von bürgerlichen Sponsoren der Stadt übernommen. Lindemann hatte zum Ziel, das Theater als geistige Macht der Nation zu etablieren. Stücke sollten groß inszeniert und nicht nur einfach wiedergegeben werden. Der bekannte Maler August Macke, der damals in Düsseldorf studierte, gestaltete beispielsweise um 1906 Kostüme und Dekorationen. Autoren wurden als Dramaturgen gewonnen, beginnend mit Paul Ernst, gefolgt von Wilhelm Schmidtbonn und dem Ihnen schon erwähnten Herbert Eulenberg. Düsseldorf setzte Maßstäbe!

Frau Dumont fand mich wohl sympathisch, bewunderte mich sogar. Vielleicht lag es daran, dass wir beide familiäre Kämpfe ausgetragen hatten, um uns als Schauspielerinnen gegen alle Widerstände erfolgreich zu behaupten. Talent und Begabung besaß ich zweifellos schon damals. Das Mülheimer Tageblatt schrieb und lobte am 25.10.1928 nach meiner ersten größeren Rolle als Recha in ‚Nathan der Weise': „In ihrem Spiel schimmerte noch die gefühlsbeschwingte seelische Darstellungsgabe hindurch; nirgends war da bewusste Berechnung. Sie hat Talent und verspricht noch viel."

Der Geselligkeit wollte ich mich nie hingeben, sondern behauptete meine Individualität, meine Unabhängigkeit, auf die ich immer großen Wert legte. Und so kam es, wie es kommen musste: nachdem ich mich, ohne Urlaub zu beantragen, zu einem Gastspiel nach Krefeld mit dem eigenen Auto aufgemacht und unterwegs eine Reifenpanne hatte, so dass ich zu spät zur Aufführung kam, erhielt ich einen ersten, unangenehmen Brief von Herrn Lindemann. In dem besagten vom 13.4.1928, schrieb er: „Die Reise nach Krefeld war die Sünde. Glauben Sie nur, es ist alles viel einfacher, wenn man ganz korrekt ist. Also studieren Sie fleißig die Hausordnung und zwingen Sie mich nicht zu schärferen Maßnahmen."

Dennoch war er noch immer überzeugt gewesen, an mir festhalten zu können und es auch zu wollen. An meinen Vater schrieb er bereits am 15.2.1928 zunächst von gewissen Abweichungen von den üblichen Aufnahmebedingungen in seiner Schule, d.h. er hatte eine Ausnahme gemacht und mich trotzdem aufgenommen, um schließlich fortzufahren: „Es wird zweifellos sich ein Weg auftun, denn wir sind ja einig in der Absicht, Ihrer Tochter zu helfen. Es ist hier ein ungewöhnliches Talent mit ungewöhnlicher Energie verbunden, das naturgemäß mit allen Elementen der Jugend schweren Konflikten ausgesetzt ist. Es scheint mir aber die einzige Möglichkeit, die Kräfte produktiv zu machen und damit ein Ventil für alles Übrige zu schaffen." – Hier sehen Sie mich übrigens in dem Theaterstück Mensch und Übermensch von George Bernard Shaw vom 12. Februar 1929. Mit von der Partie: Wolfgang Langhoff und ein wunderschöner Bugatti Brescia.

Nichtsdestotrotz verlor ich meinen Ehrgeiz, versäumte den Unterricht, nahm an Sprechstunden der Dozenten nicht teil oder war unpünktlich. Ebenso störte ich Aufführungen durch lautes Benehmen im Garderobenflur, versperrte den Notausgang provokativ in Kostüm und Maske oder trat absichtlich in Hauptproben ohne Frisur auf, etwa in ‚Komödie der Liebe' am 10.4.1928. Das hatte jedes Mal härtere Konsequenzen und Strafen für mich. Dennoch konnte und wollte ich meine Eskapaden nicht unterdrücken. Und dann kam der 5. Mai 1930: Wir führten die Komödie ‚Vater sein dagegen sehr' auf. Irgendwie war es über mich gekommen, eigene, improvisierte Textzusätze in meine Rolle zu integrieren und zu extemporieren, was zu einer großen Unruhe bei den Bühnenkollegen und, dadurch verlängert, schließlich im Publikum führte. Doch das reichte mir noch nicht. In weiteren Vorstellungen des Stückes ging mir der Absatz eines meiner Schuhe los, was ich aber als Peinlichkeit nicht kaschierte, sondern im Gegenteil spielmäßig aufdringlich ausnutzte, um mein eigenes Stück daraus zu machen. Es gefiel mir und glauben Sie mir: ich dachte damals sogar schon daran, meine Absätze absichtlich ein wenig zu beschädigen, damit sie dann in der Aufführung laut brechen mögen. Eine Provokation! Und ein finanzieller Misserfolg dazu! Denn es sprach sich herum und der Ruf des Schauspielhauses stand zeitweise auf dem Spiel. Und das alles in einer Zeit, in der es ständig bergab mit Deutschland ging, an deren Ende die Weltwirtschaftskrise stand.

Bis dahin hatte ich mich ganz gut als vielseitige Darstellerin in kleinen und mittleren Rollen etabliert, ziemlich häufig in Gastspielen des Schauspielhauses in Nachbarstädten wie Mülheim, Krefeld, Gelsenkirchen oder Siegen. Ich spielte häufig in Komödien, aber auch in dramatischen Stücken, etwa von Lessing, Molière oder Ibsen. Ich war ein Ausnahmetalent und als solches hatte man mir gefälligst auch eine Ausnahmerolle zu gewähren. Ich tanzte nächtelang durch, genoss die Freiheit vom Eltern- und Schauspielhaus, die Gunst des Publikums, das nach eher nach leichter, kurzweiliger Kost verlangte. Was ich sehr gut verstehen konnte. Doch Gustav Lindemann und seine Frau traten dem Publikumsgeschmack mit anspruchsvollen Aufführungen entgegen sowie mit einem gehörigen Schuss Esoterik.

Dadurch wurde die Schule zu einem Geheimzirkel, zu einem energetischen Zirkel von Esoterik und Aufklärung, zu einem sakralen Raum, in dem alles, was zwischen Lehrern und Schülern hier an Wissen und Praxen zirkulierte, der Geheimhaltung unterworfen war. Versuchte ein Schüler parallel etwa in Theaterbetrieben Geld zu verdienen, wird dies als Verrat an der eigenen Gruppe, dem Kunstkörper, gewertet und bedeutete den augenblicklichen Ausschluss des betreffenden Schülers. Die Schüler waren demnach die Resonanz ihrer Lehrkräfte und so glaubte man stets, das Organ von Louise Dumont an Stelle der wirklichen Akteure zu hören. Ich hörte sie einmal mit einem ihrer Schülerinnen reden. Nie werde ich vergessen, wie sie dem kranken, bleichen Gesichtchen sagte: „Ich bin die Kinderkrankheit der deutschen Schauspieler, mich muss man wie die Masern kriegen."

Vielleicht spinne ich jetzt auch etwas. Dennoch musste ich hier raus! Meine Individualität war und ist mir bis heute heilig. Dieser Geheimbund um ihr schillerndes Oberhaupt Louise Dumont verlangte, mich auf- und ihnen sich vollständig hinzugeben. Ich war nicht bereit, mich einem esoterischen Kollektiv zu fügen, in dem alles in einem Wir untergeht. Bereits am 9. November 1918 veröffentlichten Dumont und Lindemann einen Aufsatz mit dem Titel ‚In eigener Sache!' in der Zeitschrift Masken. Dort steht ganz klar: „Der Weg, den wir diesem Glauben an das Ensemble entsprechend gehen müssen, fordert vielleicht die völlige Opferung jener bisher als Berufsglück geltenden ideellen und unverrückbaren Werte, so wie sie ja noch früher etwa in der so genannten Fachbezeichnung festlagen. Diese Ausdruckskunst in einer gleichschwingenden Gemeinschaft für eine hohe Blüte vorzubereiten, ist unser Bestreben. Wer jedoch den Darstellungs-Erfolg der einzelnen Figur über alles liebt und sich nur darin künstlerisch ausleben kann, der wird in unserem andersgearteten Kunstkörper schwerlich ein Genügen finden."

Da musste ich doch rebellieren. Wie eine 18-Jährige eben zu rebellieren im Stande ist. Am 3. Mai 1929 stellte Lindemann in seinem Brief an mich folgendes klar: „Und da die Entwicklung von Individualismus – was Luise Rainer noch nicht ganz begriffen hat – zum Kollektivismus in der Welt und besonders in der Kunst geht, liegt eigentlich die größere künstlerische Aufgabe da, wo der dichterische Wille durch Mehrere ausgedrückt werden soll. Schön Lehrling bleiben, mein Kind, damit aus Jugend und Talent auch wirklich Kunst werde. Der Weg ist weiter, als Sie heute glauben."

Da disziplinierten mich auch weder die vielen wiederholten Ermahnungen und Bestrafungen durch den Ordnungsausschuss, noch die Feststellungsklage durch das Bühnen-Schiedsgericht, das dafür sorgte, dass ich meinen Vertrag zum 31.12.1930 schließlich auflöste.

Doch für meine Rebellion zahlte ich einen hohen Preis: meine Lungenkrankheit brach wieder aus mir heraus. Dieses Mal sehr viel schlimmer als zuvor, da ich sie noch durch eisernen Willen und eine viel robustere Gesundheit beherrscht hatte. Doch das war mir in diesem Fall sehr recht. Ich spielte die Rolle meines Lebens: die Leidende. Dr. H. J. Hemmerling, Leitender Arzt der Inneren Abteilung am Düsseldorf-Kaiserwerthen Marienkrankenhaus, schrieb am 25.10.1930 an Lindemann: „Fräulein Luise Rainer befindet sich seit September 1930 in meiner Beobachtung. Das Ergebnis der mehrwöchigen Beobachtung, der Röntgenuntersuchung und der Untersuchung des Blutes ist, dass Fräulein R. an einer tuberkulösen Entzündung der Lungenwurzeldrüsen und der Halsdrüsen leidet. Ein Erfolg einer ambulanten Behandlung war bisher ergebnislos. Ich halte Fräulein R. für sehr gefährdet, wenn es nicht gelingt, durch eine intensive entsprechende Behandlung das Leiden zum Stillstand zu bringen. Ich habe daher Fräulein R. heute aus meiner Behandlung entlassen, mit der strikten Anweisung, sofort ein Sanatorium im Hochgebirge (z. B. Schweiz, Arosa.) aufzusuchen."

Es war nun höchste Eile geboten. Am 15.12.1930 informierte ich Lindemann, dass ich mich just an diesem Tag auf Veranlassung meines Arztes in die Städtischen Krankenanstalten zur Beobachtung begeben habe, was auch seinem, Lindemanns, Wunsche entsprach. Kurze Zeit später schrieb ich ihm, dass ich nach dieser ärztlichen Überprüfung sofort einen Erholungsurlaub antreten werde und teilte ihm meine neue Anschrift mit: Celerina, Oberengadin, Pension Solaria. Diese Pension befand sich und befindet sich noch heute in Le Prese, Gemeinde Poschiavo, im südlichen Teil von Kanton Graubünden in der Schweiz, eingebettet zwischen bunten Blumenwiesen und üppigen Kräutergärten. Ideal für Bergtouren und Wanderungen. Es zerriss mich förmlich, dass ich weder wandern noch Berge besteigen durfte. Aber es war die ersehnte Möglichkeit, Düsseldorf für einen längeren Zeitraum verlassen und meine Hollywood-Pläne weiter gezielt verfolgen zu können. Ich wollte schon Ende 1929 gehen und hatte diesen Entschluss am 3.12.1929 Lindemann auch brieflich mitgeteilt: „Ich komme noch einmal auf unser Gespräch von gestern zurück und bitte Sie nochmals inständig mich nach Ablauf dieser Spielzeit gehen zu lassen. Wie ich weiß dass ich Ihnen dankbar sein muss, weiß ich, dass ich jetzt hier weg muss, denn ich bin leider keine Kampfnatur und hoffentlich auch kein schlechter Mensch."

Aber irgendwie rauften wir uns an diesem Punkt wieder zusammen. Wir versuchten es noch einmal miteinander. Leider wurde die Erholungsreise 1930 in den Engadin zu einer endgültigen Farce. Mir wurde von Lindemann vorgeworfen, ich habe das Theater schmählich im Stich gelassen, habe mich geweigert, den zuständigen Theaterarzt statt den teuren Privatarzt aufzusuchen, was auch stimmt, habe die ganze Zeit nur durchgetanzt und exzessiv Wintersport mit Bekannten dort getrieben. Mein Vater sah sich genötigt, einzuschreiten. Immerhin hatte ich Verdienstausfälle, Arzt- und Reisekosten zu begleichen, die Lindemann nun zurückzuerstatten habe. Doch Lindemann, dieser verehrte Herr Generalintendant, spuckte Gift und Galle. Er schrieb meinem Vater, dass das Theater keine Haftpflicht übernehme. Zudem soll ich ihm weiß gemacht haben, dass allein meine Eltern diese Reise gewünscht hätten und dass ich mich durchaus nicht krank gefühlt, sondern lediglich dem Wunsch meiner Eltern entsprochen habe. So ganz genau weiß ich das leider nicht mehr. Sorry, Darling.

Ich weiß nur noch Lindemanns Antwort an meinen Vater: „Wir erblicken darin sogar eine Hinterhältigkeit, dass Ihre Tochter, ohne uns etwas zu sagen und zu fragen, die Sache in dieser Weise regeln zu dürfen glaubte. Ihre Tochter hatte in ‚Die Quadratur des Kreises' eine Hauptrolle bekommen. Prompt kam vor der ersten Probe ihre Krankmeldung, der dann fast auf dem Fuße ihre Urlaubsgesuche für das Gastspiel in Wien folgten. Das war, nachdem sie lange Zeit dem Theater keinerlei Pflichtarbeit geleistet hatte. Auf Briefe nach dem Engadin, mit Anfrage über ihre evtl. weitere Tätigkeit, kam erst nach so langer Zeit eine Antwort, dass sie für die beabsichtigten Dispositionen nicht mehr brauchbar war. Im April kamen weitere Krankmeldungen, die ihre Tätigkeit auf mehrere Wochen aufhoben. Wenn aber ein Mitglied wirklich so krank ist, wie es diese andauernden Krankmeldungen zu besagen scheinen, dann wäre es die moralische Pflicht eines Mitgliedes – jedenfalls eines so jungen Mädchens, das ein Elternhaus besitzt –

auszuscheiden und nicht die ganze materielle Verantwortung für ihre Existenz einem wirtschaftlich schwer kämpfenden Theater aufzubürden. Es gilt ja doch auch wohl im Geschäftsverkehr für ebenso sittlich wie selbstverständlich, dass Zahlungen eine Leistung voraussetzen! Sie wissen, dass Ihre Tochter ein Einkommen hat, das besonders für die jetzigen wirtschaftlichen Verhältnisse des Theaters als hoch bezeichnet werden muss, für das sie aber dem Theater seit vielen Monaten keine Gegenleistung bietet. Es ist deshalb – gelinde ausgedrückt – wunderlich, dass Sie als Geschäftsmann und Vater zu diesem Einkommen auch noch ungerechtfertigte Forderungen erheben. Uns bleibt daher die gute Lehre, in Zukunft derartigen Talenten mit menschlich weniger Vertrauen entgegenzukommen."

Am 29.11.1930 benahm ich mich dann in dem Stück ‚Baumeister Solness' in Gelsenkirchen total daneben und provozierte damit den letzten Akt meines gezielt vorbereiteten Rauswurfes: Fräulein Rainer verlachte den ersten Aktschluss und lief ab, ohne den Schluss-Satz zu sprechen, sodass der Vorhang fallen musste. Da sah sich Lindemann jetzt zum Äußersten gezwungen. Endlich! Nach den wiederholten Störungen und Schädigungen der Aufführungen meinerseits sowie den ständig wiederholten Ermahnungen und Bestrafungen durch den Ordnungsausschuss, musste er annehmen, dass ich in diesem Benehmen ein System verfolge, das einer bestimmten Absicht entspricht. Und er fügte hinzu: Ich sehe nunmehr keinen andern Weg, als durch das Bühnen-Schiedsgericht eine Feststellungsklage einzureichen mit dem Antrag, nach diesen Vorkommnissen den zwischen uns bestehenden Vertrag zu lösen. Ich hatte gewonnen, weil ich es allein so wollte!

Der Silvesterabend 1930, der Tag, an dem mein Vertrag in Düsseldorf gekündigt wurde, wird mir wohl auf ewig im Gedächtnis haften bleiben. Ich habe laut gefeiert. Und direkt am nächsten Tag begann ich frohen Mutes mein Engagementgastspiel in Wien, das ich gewissenhaft und von langer Hand vorbereitet hatte. Ich arbeitete nun tatsächlich in der Josefstadt am Deutschen Volkstheater und Theater und – unter Max Reinhards Regie! Bei ihm sollte mein nächster Karriereschritt stattfinden. Ich wollte unbedingt zu Max Reinhardt, aber nach meinem verhunzten Vorsprechen nicht wieder nach Berlin.

Ich war sofort begeistert von Wien, und ich glaube, Wien war es auch von mir. Aber die Wiener waren noch etwas unaufrichtiger als die Deutschen, und sie waren noch antisemitischer. Die Deutschen haben wenigstens offen gesagt: Heil Hitler. Die Wiener haben so getan, als ginge es sie nichts an, aber sie waren auch für ihn. Als Hitler im März 1938 in Österreich einmarschierte, meinte ich, meinen Mann Clifford grummeln zu hören: Das geschieht ihnen recht. Max Reinhardt, der gebürtig Maximilian Goldmann hieß, hatte zwei sehr talentierte Söhne: Wolfgang, ein Jahr älter als ich und ein erfolgreicher Filmproduzent, und Gottfried, ein Jahr jünger als ich, Drehbuchautor, Filmproduzent und Regisseur. Von ihm stammt auch das Drehbuch zu ‚The Great Waltz' von 1938, einer fiktiven Filmbiographie über Johann Strauss, in der ich die Rolle der Poldi Vogelhuber übernehmen durfte. Beide arbeiteten, wie ihr Vater, auf beiden Seiten des Atlantiks.

I never felt myself as a star. Dennoch Max Reinhardt behandelte mich als solchen. Er nahm mich in sein Ensemble auf, in dem schon Größen wie Emil Jannings, Conrad Veidt, Elisabeth Bergner, Marlene Dietrich, Friedrich Wilhelm Murnau oder Ernst Lubitsch arbeiteten. Reinhardt, though never titled, was a ‚prince', a true aristocrat from inside out, he was wonderful. Ihn umgab eine außergewöhnliche Aura. Er sensibilisierte seine Schauspieler und deren Talente. Wenn jemand Hilfe oder Ratschläge benötigte, war er sofort zur Stelle, unaufdringlich, höflich. The Max Reinhardt Seminar in Vienna encouraged methods of emotional depth similar to those made famous by the Russian Constantin Stanislavski, who inspired the Method. I became his special protegé.

Mit Reinhardt wurde ich sehr schnell auf den Berliner Bühnen bekannt. Ich trat dann in Produktionen auf, wie etwa in Jacques Devals ‚Mademoiselle', Sydney Kingsleys ‚Menschen in Weiß' oder Luigi Pirandellos ‚Sechs Personen suchen einen Autor'. In der Spielzeit 1931 /32 spielte ich die Rolle der Christiane in ‚Mademoiselle', die am 10. Juni 1932 im Theater in der Josefstadt erstmals aufgeführt wurde. Mit wenigen Ausnahmen wurden die Stücke jeden Abend gespielt. ‚Mademoiselle' 25x en suite, ‚Sechs Personen suchen einen Autor' 14x, davon einige Male abwechselnd mit einem anderen Stück, und ‚Menschen in Weiß' mit zwei Ausnahmen 50x ebenfalls quasi en suite. In der Spielzeit 1933/34 verkörperte ich in ‚Sechs Personen suchen einen Autor' die Tochter und in der Spielzeit 1934/35 die Evelyn Hudson in ‚Menschen in Weiß', was am 9. November 1934 erstmals gespielt wurde. Dieses Stück gastierte dreimal an anderen Theatern in Wien. Insgesamt kam diese Inszenierung offenbar auf mehr als 100 Aufführungen.

Auch, wenn ich jetzt schon etwas vorgreife, aber in der Spielzeit 1962/63 war ich noch einmal im Theater in der Josefstadt zu sehen: als Birdie Hubbard spielte ich in der Erstaufführung vom 30. August 1963 in dem Stück ‚Die kleinen Füchse' von Lillian Hellman.

Oh, ich sehe schon, ich war zu schnell für Sie. Entschuldigen Sie bitte. Also, noch mal auf Anfang, wie man so schön sagt. Vergessen Sie dabei auch bitte nicht Ihren Tee. Maggie wird sonst böse mit mir, dass ich eine schlechte Gastgeberin bin. Also. Erinnern Sie sich noch daran, dass ich Ihnen von dem kleinen Mädchen berichtete, das ich auf Föhr kennengelernt hatte? Sie hatte, wie ich, auch eine chronische Lungenentzündung gehabt, die auskuriert werden musste. Eine lange Zeit hatte ich sie aus den Augen verloren. Doch jetzt tauchte sie ganz unvermittelt wieder auf. Nennen Sie es Zufall. Ich nenne es Schicksal. Es sollte so sein. Wie sie es geschafft hatte, mich brieflich zu erreichen, hat sie mir nie ganz verraten. Heute würde man erfolgreiches Networking dazu wohl sagen, oder? Damals gab es das auch schon.

Reinhardt hatte zu Beginn des 20. Jahrhunderts mit den gleichnamigen Bühnen eines der größten Theaterimperien in Europa geschaffen. Er hatte eine ästhetisch-autonome, totale Theatersprache entwickelt, die nichts mehr mit den nationalen oder künstlerischen Traditionen der Hoftheater verband und insbesondere Juden einen neuen Schaffensraum bot. Jüdische Regisseure und Schauspieler bildeten damit ein großflächiges Netzwerk an Gleichgesinnten, die davon überzeugt waren, dass es nur in der Welt des Theaters möglich sein würde, in der universalen Kunst aufzugehen und sich ihre universale Sprache zu eigen zu machen, um der eigenen verachteten jüdischen zu entkommen. Und so war es eigentlich nicht verwunderlich, als ich jenen Brief von Sarah in meiner Pension Solaria im Februar 1931 erhalten hatte, der in dieser Form wirklich hätte geschrieben werden können:

„Liebe Grüße aus dem Theatron Habima inmitten von Tel Aviv! Liebe Liselu, ich werde nie unser Gastspiel bei euch am Schauspielhaus Düsseldorf vergessen, als wir in der Woche vom 2. bis 7. November 1927 ‚Der Dybuk' des russisch-jüdischen Elendsproletariers und Revolutionärs Salomon Rappaport (An-Ski) und ‚Der Golem' von Leivick Halpern (H. Leiwick) mit unserem Habima-Theater aufführten, wo du zugegen warst, wir uns aber nicht zu erkennen gaben. – Und nun es ist ja auch schon wieder zwei Jahre her, dass du unserem Theater vorgesprochen und uns fest zugesagt hattest, an unserer Tour durch Mitteleuropa teilzunehmen. Leider hatte sich dein Wunsch nicht erfüllt, da dein Vater es nicht erlaubt, sondern sogar gemeint hatte, dass er es auch zukünftig nicht erlauben werde, da er es nicht ertragen könne, dich wie eine traveling mountebank sehen zu müssen. Ein jüdischer Kritiker der Habima war in Krefeld dabei gewesen und hatte dich uns gegenüber sehr gelobt. Ich möchte dir noch nachträglich dazu von ganzem Herzen gratulieren! Ich arbeite schon länger bei der Habima und möchte dich ermuntern, doch den für dich so wichtigen Schritt nun endlich zu tun."

Im März 1928 reisten wir mit unserem Ensemble nach Palästina. Unsere erste gemeinsame Reise! Es war so schön, Deutschland einmal hinter sich lassen zu können. Dieser H. und seine Räuberbande! Wir werden nie mehr glücklich sein. Deutschland ist eine durch und durch kranke Welt, in der ein Goethe oder ein Beethoven lächerlich gemacht werden. Und wir Schauspieler sitzen mitten drin. In Berlin, dem Unherzen deutscher Barbaren. Hätten wir im Januar 1926 doch nicht Moskau verlassen, um bis heute überall in Europa aufzutreten: in Polen, Litauen, Österreich, Deutschland, Frankreich, Italien und der Schweiz! Dennoch, so muss man auch sagen, haben diese Wanderjahre der Habima künstlerische Anerkennung durch die wichtigsten Regisseure und Theaterkritiker zuteilwerden lassen. Doch diese Anstrengungen fordern ihren Tribut: Na-

chum Zemach, unser Direktor und Gründer, überwarf sich während unserer Tournee durch die USA 1927 mit dem Management, und einige ihm nahestehende Schauspieler verließen die Truppe. So erwählte sich das auserwählte Volk nun Berlin zu seiner Basisstation. Du magst den Spott in diesen Zeilen sicherlich erkennen, und genau als das soll er auch gelten. Wir sorgten für Furore und werden dies hoffentlich auch weiterhin noch tun dürfen. Dazu brauchen wir aber Unterstützer und talentierten Nachwuchs.

Liselu, stelle dir mal vor: wir haben in der Habima deutsche Intellektuelle und Theaterleute, deren Interesse an der eigenen jüdischen Identität in anderem Zusammenhang nur gering war, ebenso deutsch-jüdische Geschäftsleute, Banker und Künstler mit einer tiefen, ausgeprägt jüdischen Identität und jüdische Exilanten aus Osteuropa, die auf dem Weg nach Palästina oder Amerika hier in Berlin Zwischenstation machen. Dieses öffentliche Engagement führte auch zur Gründung des Sekretariats der Habima am 5. Januar 1928 in Berlin, was sich um Gelder und Kontakte bemüht. So kam ich wieder zu dir und anderen Künstlern, vor allem auch zu jenen aus Russland emigrierten Theatermachern. Margot Klausner und ihre engagierten Mitstreiter sind ein Geschenk des Himmels! Schon zwei Monate nach Gründung des Sekretariats konnten wir für den Kreis der Freunde und Unterstützer der Habima den Schriftsteller Alfred Döblin, den Schauspieler Ernst Deutsch, den Dramatiker und Schriftsteller Walter Hasenclever, den Musikpädagogen Leo Kestenberg und noch einige vermögende deutsche Juden gewinnen.

Und der Unterstützungsapparat unseres Theaters funktioniert. Derzeit unterstützen uns 60 Personen, davon stammen etwa 51 Mitglieder aus dem deutschen Sprachraum. Das heißt, liebe Freundin, wir bejahen trotz allem Deutschland als unsere Heimat. Vor zwei Jahren erfolgte der nächste Schritt: die Schaffung des Patronagevereins. Der Verein bürgt für eine geregelte Finanzierung des Theaters und ermöglicht ihm, uns Schauspielern Gehälter zu zahlen sowie einen Arbeitsplan für mehrere Jahre zu erstellen. Wir sind rundum abgesichert, liebste Liselu! Wie wichtig das in diesen schwierigen Zeiten für einen Künstler ist, brauche ich dir ja wohl nicht zu sagen. Ist das nicht wunderbar?

Oh, komm doch zu uns nach Berlin! Wir sind nicht nur finanzkräftig, sondern auch politisch einflussreich. Wir sind salonfähig. Zum Kreis der Freunde der Habima zählen auch die Regisseure Leopold Jessner, Viktor Barnowsky und Max Reinhardt, den du doch so über alle Maßen schätzt. In unseren Reihen befinden sich auch namhafte Theaterkritiker und Publizisten. Und schließlich konnten wir Thomas Mann, Franz Werfel und Leon Feuchtwanger für uns gewinnen. Na, was sagst du? Oh, Liebste, komm doch zu uns nach Berlin! Wir sorgen für die sichere Anreise, begleichen anfallende Reise- und Unterkunftskosten und auch bereits vorhandene Schulden, die du vielleicht aufgehäuft haben könntest, etwa die zahlreichen Arzt- und Krankenhauskosten und fürs Sanatorium. Dein Vater könnte sicherlich wieder ruhiger schlafen.

Nur ein Wort von dir, liebste Freundin, und Barnowsky oder Reinhardt nehmen dich dankbar unter ihre Fittiche.
Sei herzlich gegrüßt von deiner Sarah."

Anbei fand sich ein Zettel mit den Kontaktdaten zu Max Reinhardt und Viktor Barnowsky. Yes, I became a member of the Habima Theatre and later I was the chairwoman of the Sponsorship Committee for the American tour of the Habima Theatre December in spring of 1939. Ich schrieb Viktor Barnowsky und fand mich, zwecks Engagements, im März 1931 in Wien ein, wo die Proben zu ‚Sturm im Wasserglas' am 18.3. begannen und die Aufführung am Sonntag, dem 22.3. stattfand. Es wurde eine wunderbare Gastspielvorstellung! Und Barnowsky blieb ein gern gesehener Gast. Mit ihm verbinde ich allerdings auch eines meiner schrecklichsten Erlebnisse.

1933 begannen in Berlin die Proben zu einem französischen Theaterstück. Es hieß ‚Sardine Fisherman'. Viktor war der Produzent und wollte mich in der Rolle der Cleopatra casten. Natürlich kam ich zu ihm. Ich weiß es noch wie gestern. Ich saß in seinem Büro und schaute durch das Fenster. Plötzlich brannte der Reichstag! Die Flammen züngelten hoch empor Richtung Himmel und eine dunkle Rauchwolke legte sich drohend über das Gebäude. Barnowsky hatte augenscheinlich dieses schreckliche Bild noch gar nicht gesehen; er stand mit dem Rücken zum

Fenster, als er meinte: „Schauen Sie nicht so schockiert aus dem Fenster. Bei allem, was Sie da gerade sehen: denken Sie bitte immer nur an Ihre Arbeit und an nichts anderes. Ich bitte Sie inständig darum. Denn dies alles hat mit Ihnen absolut nichts zu tun."

Die Machtübernahme Hitlers erlebte ich in Frankfurt am Theater. Junge Soldaten arbeiteten dort als Bühnenarbeiter. Sie trugen braune Hemden und schwarze Springerstiefel. Als sie in meine Garderobe kamen, dachte ich zunächst, sie würden mir Blumen überreichen, wie ich sie zahlreich allabendlich von Verehrern bekam. Ich sah mir die jungen Burschen an und meinte: Könnt ihr mir einen Gefallen tun und diese verfluchten Stiefel ausziehen und stattdessen Pantoffel anziehen, wie es gewöhnlich die Bühnenarbeiter hier tun?
Meiner Anordnung wurde Folge geleistet. Die jungen Burschen gehorchten. – Am nächsten Abend erhielt ich dann aber Besuch von der Gestapo in meiner Garderobe. Ihnen sei zu Ohren gekommen, ich habe sämtlichen Bühnenarbeitern befohlen, ihre Uniformen auszuziehen, was ich bejahte. Da ich ein umjubelter Star war, hatte dies keine Folgen für mich und das Theater. Auch, dass mein Vater gegen Hitler wetterte und über ihn in der Öffentlichkeit verkündete, dass er ein Niemand, nur ein Anstreicher sei, blieb zunächst folgenlos.

Und dann lernte ich endlich Max Reinhardt nun wirklich kennen und schätzen. Er hatte 1928 das Schauspiel- und Regieseminar im Schlosstheater Schönbrunn begründet und fortan geleitet. Die Aufnahme des Unterrichtsbetriebs erfolgte ein Jahr später. Dieses sog. Reinhardt-Seminar bot eine zweijährige umfassende Ausbildung sowie die Möglichkeit, in öffentlichen Aufführungen des Seminars mitzuwirken. Der Bezug zwischen Unterricht und Erfahrungen aus der Theaterpraxis war sehr eng. Hinzu kamen der Unterricht in der Gruppe, die Erarbeitung von Szenen, hauseigene Inszenierungen und vor allem der Kontakt und Austausch mit bekannten Theaterleuten, was so ausgeprägt und professionell organisiert noch nie zuvor dagewesen war. Ob er mich nach den zwei Jahren, nach meinem verkorksten Vorsprechen im damaligen Berlin noch wiedererkannte, als er, nach langem Schweigen aufgestanden war und das Kind nach Hause geschickt hatte, weiß ich nicht. Ich hatte mich verbessert, war zu einer wunderschönen Frau erblüht, und hatte auch schon beachtliche Erfolge in der Zwischenzeit vorzuweisen, und so denke ich, hat er mir meinen Ausrutscher schnell verziehen und sah nun stattdessen ein großes Schauspielertalent vor sich. Und schließlich verbanden uns nicht nur die Liebe und Professionalität zur Schauspielerei, sondern auch die Habima und deren Fürsprecher sowie der Makel des unerwünschten, aber zu dieser Zeit noch geduldeten deutschen Judentums miteinander. – So fand ich, natürlich unter anderen Vorzeichen, nach Louise Dumont mit Max Reinhardt einen zweiten wichtigen Protegé, wobei Dumonts Institution bewusst als Gegenmodell zum auf Gewinn zielenden Theater Max Reinhardts in Berlin konzipiert worden war, dessen erstes Haus ‚Schall und Rauch' Louise Dumont noch als größte Anteilseignerin finanziert hatte. Ihr Theater war ein organischer Kunstkörper, Reinhardts Bühnen seien nur Ausstellungen, da dieser die Bühnenbilder sehr übertrieben und opulent ausgestattet habe.

Ich hatte wieder einen Protegé, und das, obwohl ich nie klassischen Schauspielunterricht genommen hatte. I was supposed to be very gifted, and he heard about me. He wanted me to be part of his theater. So, as part of Reinhardt's Company, I became a popular stage actress in Berlin and Vienna in the early 1930s. For him I was a natural talent, which required an impressionistic acting style. Und er brachte mich zum Film und nach Hollywood. Ich werde nie vergessen, wie er zu mir in seiner knurrigen Art sagte: „Rainer, ich höre, Sie haben etwas mit Hollywood?"

Die Cine-Allianz-Tonfilm-Produktion mit dem Namen ‚Sehnsucht 202' war im Jahr 1932 mein Debüt, einer der schönsten österreichischen Filme der frühen Tonfilmzeit! Und in dieser musikalischen Komödie spiele ich die Kitty, eine Millionärin, in Wien auf der Suche nach einer prächtigen Anlagemöglichkeit. Magda Schneider, ja, die Mutter von Romy, spielt die arbeitslose Stenotypistin Magda, die ein Auskommen braucht. In Hesses Inseratenbüro kreuzen sich schließlich ihre Wege, soll heißen: sie geraten beide an einen überforderten Annoncenannehmer, der ihre Inserate zu einem verdichtet. Als die bankrottnahen Parfümeristen Bobby, gespielt von Fritz Schulz, und Harry, von Rolf von

Goth hinreißend verkörpert, Dame mit Millionenvermögen, junges intelligentes Mädchen, sucht Stellung gleich welcher Art, lesen, wittern sie ihre Chance. Wenn sie dieses Fabelwesen nur recht geschickt umgarnt und geehelicht bekommen, also einer von ihnen, dann können sie ihr Geschäft doch noch retten. Aber da gehen die Probleme auch schon los, denn beide verlieben sich in die attraktive Schöne. Nie waren sich die gesellschaftlichen Schichten alle so nah. Die Weltwirtschaftskrise macht aus Flaneuren Unternehmer! Ein seichter Film.

Musik und Bewegung, gemeinsam wie beim Tanz oder beim Marschieren, erzeugen und tragen in diesen Zeiten im Film eine Stimmung. Lilian Harvey singt so in ‚Ich und die Kaiserin' ausgerechnet auf einem Viehkarren, in ‚Ein Lied geht um die Welt' wird singend Gondel gefahren, in ‚Wenn du jung bist gehört dir die Welt' wird in Boot und Auto und auch noch in Kutschen gerne lang und ausführlich gesungen.

Die Cine-Allianz-Tonfilm mit Sitz in Berlin war am 6. Januar 1932, also ganz neu damals, zunächst als Union-Tonfilm von Arnold Pressburger und Gregor Rabinowitsch gegründet worden. Beide waren alte Hasen im Filmgeschäft. Pressburger hatte schon 1930 in Berlin eine Allianz Tonfilm GmbH und Rabinowitsch 1926 in Paris eine Ciné-Alliance ins Leben gerufen. Da die Filmfirma mit Mehrsprachenversionen die internationalen Märkte bediente, entwickelte sie sich in den 1930er Jahren zu einer der erfolgreichsten deutschen Filmproduktionsfirmen. Künstler, etwa Fritz Lang, Max Ophüls oder Brigitte Helm gaben sich die Klinke in die Hand.

Filme mit Mehrsprachenversionen wurden folgerichtig in mehreren Sprachen gedreht. An demselben Set wurde eine Szene hintereinander z.B. zuerst mit den deutschen, dann mit französischen und schließlich auch mit englischen Schauspielern gedreht. (...) Allerdings markierte dies gleichzeitig den größten Schwachpunkt der Filme, denn für fünf verschiedene Sprachversionen von einem Film mussten entsprechend auch fünf komplette Schauspielerensembles bezahlt werden, und ganz zu schweigen von dem benötigten Filmmaterial, den Mieten usw. Da war es natürlich sehr gut, wenn man mehrsprachige Schauspieler am Set hatte, etwa Lilian Harvey, die Deutsch, Englisch und Französisch perfekt beherrschte und damit Kosten senkte. Um Kosten zu sparen, setzte man vielerorts auch auf ein Übermaß an Musik und Geräuscheffekte, die ja nicht in andere Sprachen übersetzt werden mussten. Mir tut noch heute Willy Fritsch leid, der seinen Text in einer ihm unbekannten Sprache auswendig lernen musste und dann nur mit größter Mühe im Film agieren konnte. Bei Buster Keaton war es ähnlich. Er imitierte die deutsche Sprache und war damit noch lustiger und beim deutschen Publikum noch beliebter, als wenn er dieses Gestammel nicht großartig vollbracht hätte.

Alfred Hitchcock löste das Problem ganz anders: seine deutsche Hauptdarstellerin, Anny Ondra, sie sprach kaum Englisch. Hitchcock setzte eine junge, englische Schauspielerin, Joan Barry, in eine Kabine außerhalb des Bildfeldes und ließ sie die Dialoge in ein Mikrophon sprechen, während Fräulein Ondra in dem Film ‚Blackmail' von 1929 ihre Worte nur markierte. Hitchcock verfolgte ihr Spiel und hörte über Kopfhörer die Stimme von Joan Barry. Beides wurde dann irgendwie zusammengebracht.

Meine Produktionsfirma war so erfolgreich, dass es für mich nur allzu logisch war, auch meinen nächsten Film ‚Madame hat Besuch' dort zu drehen, der noch im selben Jahr entstand. Und wieder war es ein Wiener Film, also ein musikalisch-komödiantisches Genre mit historisch-verklärtem Hintergrund. Dieses Filmgenre charakterisierte speziell sich in der Verknüpfung von Komödie, dem Liebesfilm, Melodram und Historienfilm, gewürzt mit dem stärksten Trumpf: dem Wiener Dialekt und erfreute sich rasch internationaler Beliebtheit. Und ließ dabei die Exporterlöse österreichischer Filme in die Höhe schnellen, was wiederum die heimische Filmproduktion beflügelte.

Bis 1930 waren in Österreich noch hauptsächlich Stummfilme hergestellt worden, da sowohl Kinos als auch Filmproduzenten erst umstellen mussten. Zeitgleich mit der Weltwirtschaftskrise fiel die Einführung des Tonfilms zusammen. Der erste abendfüllende Tonfilm erreichte Österreich am 21. Januar 1929 mit dem Titel ‚Der Jazzsänger'. Der Ton wurde noch synchron zum Film auf einer Schallplatte abgespielt. Diese Talkies waren wunderbar! Plötzlich hörte das Publikum eine Turmuhr schlagen, eine Schulglocke bimmeln, Vögel zwitschern, Katzen miauen, Straßenlärm und singende Schauspieler. Und die Habima mischte auch hier kräftig mit und wusste die Zeichen der Zeit richtig zu deuten. Im Heraufziehen einer Diktatur, Massenarbeitslosigkeit und systematischer Judenverfolgung drehten sie sogenannte Spiel-Kulturfilme. So berichtet beispielsweise die Danziger Volksstimme am 13.5.1930: „Ein Spiel-Kulturfilm der Habima. Wie wir hören, besteht in Interessentenkreisen die Absicht, einen Tonfilm unter Mitwirkung der Habima zu machen. Das Werk ist gleichzeitig als Propaganda für das jüdische Palästina gedacht."

Genaueres dürfen Sie aber nicht von mir verlangen, lieber Freund. Dafür hatte ich junges Fräulein seinerzeit sicherlich nicht den Blick. Sie als Journalist könnten es sich ja mal zur Aufgabe machen, darüber zu schreiben, oder? Ich kann Ihnen nur sagen, dass diese Kulturfilme kurze Sach- und Dokumentationsfilme über verschiedene kulturelle, naturwissenschaftliche oder allgemeine Themen waren; ab 1934 war den Kinobesitzern verbindlich vorgeschrieben worden, im Vorprogramm wenigstens einen dieser Kulturfilme zu zeigen. Sie hatten im NS Propagandakonzept eine sehr wichtige Funktion. Also, nach außen gaben sie sich objektiv und sachlich, doch propagiert wurden Rassenlehre, Antisemitismus, die Blut und Boden-Ideologie oder militärische Themen. Das Habima-Netzwerk drehte ihre Kulturfilme und ließ sie sicherlich – als politischen aufgeklärten Gegenentwurf und unter dem Deckmantel der NS-Propaganda – in deutschen und österreichischen Kinos einschleusen. Im Januar 1933 wurde Hitler Reichskanzler und schaltete alles gleich oder sofort aus! Ich nahm dieses, in Wien lebend und arbeitend, wohl wahr, dass talentierte jüdische Schauspieler und Regisseure, Drehbuchautoren und Komponisten entlassen und durch dumme, aber das richtige Parteibuch schwenkende Leute ersetzt wurden, als ich in jenem Jahr meinen letzten Film auf deutschem Boden ‚Heute kommt's drauf an' mit Hans Albers drehte, bevor Hollywood an meine Tür klopfte, mir einen Vertrag bei MGM anbot und aus mir kurzerhand eine Österreicherin machte. Regie führte damals der wunderbare Kurt Gerron, der dann in Auschwitz ums Leben kam.

Albers hatte ein Lied in dem Film: ‚Mein Gorilla hat ne Villa im Zoo'. Aber als ich ihn zum ersten Mal sah, legte er seine Stirn bedeutungsvoll in Falten und sagte zu mir: „Ick sehe aus wie Joethe, oder?" Er war sehr dumm, ein richtiger Schauspieler eben.

Doch mir war der ganze Filmrummel einerlei. Ich fühlte meine Berufung weiterhin im Theater und bei Reinhardt – dies bis 1935. Ich spielte damals gerade ein Stück von Theodore Dreiser. Es trug den bezeichnenden Titel ‚Amerikanische Tragödie'. Eines Abends kam ein Kerl in meine Garderobe. Er trug einen Hut und Hosenträger, und er sah genauso aus, wie man als Herr nicht aussah. Er bellte irgendetwas, ich habe ihn überhaupt nicht verstanden. Mein Vater ist zwar Amerikaner gewesen, aber ich hatte nur mein Schul-Englisch. In jedem Fall sorgte dieser Mensch für eine Test-Aufnahme, die nach Hollywood geschickt wurde. Es ging um die Rolle der Leopoldine in dem MGM Film ‚Escapade'. It wasn't successful. Ich ging unterdessen mit Luigi Pirandellos Stück ‚Sechs Personen suchen einen Autor' auf Tournee. Mit Reinhardt und Pirandello reisten wir durch ganz Europa. Paris, Mailand, Holland, wir waren überall. Dann bestellte man mich nach London zu einer weiteren Probeaufnahme, erneut als Leopoldine. So, I came to England and made another test of the same scene. And now, it was successful! I got the chance to play in the romantic comedy ‚Escapade' the Leopoldine. Later, the New York Times wrote on 6th July 1935: As a test flight for Miss Rainer, ‚Escapade' gives the attractive newcomer a fairly wide range. Alternately shy, demure, vivacious, petulant, happy, miserable, tragic and broodingly maternal – which is a broad sweep for any one picture – Miss Rainer justifies at least the conservative estimate of ‚promising'. We should have been happier had the story chosen to limit its emotional range a bit, but Metro unquestionably wanted to show off its newest find from every conceivable angle.

Mit dem Aufkommen des Tonfilms suchte Hollywood dringend nach passenden Nachwuchsschauspielern mit gutem Aussehen und geschulter Stimme. Ich war sehr attraktiv und konnte schön meine Stimme einsetzen. Es war Phil Berg, der mich 1934 entdeckte und dann MGM meldete: Da ist ein Mädchen in Österreich, das ihr euch ansehen solltet.

Er war von MGM beauftragt worden, to collect a certain actress for the studio. Er meinte, ich könne mit meiner Art die neue Garbo werden und ihr Publikum gleichsam über Nacht ebenso begeistern. Er bot mir einen Drei-Jahres-Vertrag an. Bis 1932 hatte ich eigentlich gar kein Interesse, Filmschauspielerin zu werden. Erst, als ich das auf Hemingways Roman beruhende Filmdrama ‚A Farewell To Arms' mit Helen Hayes und Gary Cooper sah, entschied ich mich, auch das Filmemachen in meine Karriere einzubeziehen. Phil war ein großartiger Agent für die MGM in Europa. Er arbeitete u.a. auch für Clark Gable. In gebrochenem Deutsch sagte er mir irgendwann dies: „Und verbessern Sie endlich Ihr Englisch, wenn Sie überleben wollen."

Phil Berg beeindruckte nicht mit seinen Leistungen, sondern mit seinem Reichtum an Ideen und Möglichkeiten. Er und seine Frau lebten in abgeschiedenem Glanze in einem weißen griechischen Palast auf einer privaten Anhöhe - hinter den exklusiven Toren von Bel Air. Das Anwesen war mehr Museum als ein Haus. Wie ich, wurde auch Phil mit Beginn des Jahrhunderts geboren. So ganz genau weiß ich es nicht. Er kam im Alter von sechsundzwanzig Jahren mit etwa 800 Dollar in Hollywood an. Schon vor seinem dreißigsten Lebensjahr war er Millionär. Er hatte einen Bus, einen für ihn maßgeschneiderten Doppeldecker-Greyhound mit drei Duschkabinen. Er fuhr damit überall in der Welt herum.

MGM war immer auf der Suche nach neuen Talenten. Manchmal mussten Talent-Scouts mit ihren World Tour-Autos nach Übersee reisen. Diese schwarzen, chromblitzenden, kleinen Trucks verfügten über eine Tonaufnahmeausrüstung, mit deren Hilfe die Talent-Scouts sofort Menschen auf der Straße und ihre Stimmen testen konnten. Denn gutes Aussehen alleine genügte seit Beginn des Tonfilms eben nicht mehr. Somit fuhren auf den Straßen Amerikas sogenannte MGM Pictures Talent Busses und MGM Movie Trains, wie beispielsweise der Globe Trotter. Sie alle reisten durch die Vereinigten Staaten, um MGM-Filme zu promoten. Alles in allem waren sie hochmoderne, mobile Reisefilmstudios. Als ich Monate später nach Hollywood kam, dachte ich, sie würden mich ansehen und sagen: Um Himmels willen, wer hat denn diese Katze mitgebracht? Ich habe meinen Vertrag nie gelesen.

Meine einzige Bedingung war, dass es mir erlaubt sein würde, meinen geliebten schottischen Terrier Johnny aus Europa mitzubringen. Und ich durfte.

Kapitel 3

Kapitel 3

Ein Hauch von Hollywood (1931 – 1943)

Meine Welt brannte. Entbrannte vor Wut und Ohnmacht. Ohnmächtig musste meine Mutter von Hamburg aus mit ansehen, wie ihre Seidenfabrik in Krefeld von den Nazis zugrundegerichtet wurde. Und mit ihr die anderen jüdischen Familienunternehmen, Zulieferbetriebe, Färbereien und Ateliers, die den Webereien die Steuerkarten für ihre Webstühle lieferten. Der Prozess der sogenannten Arisierung hatte schon 1933 systematisch und penibel organisiert begonnen, aber nicht von oben, sondern in erster Linie von Mitkonkurrenten, die nun ihre Chance ergriffen, jüdische Geschäfte und deren Eigentümer zu entjuden. Schon 1932 wurden die Schaufensterscheiben der Seidenweberei beschmiert; nach der Ernennung Hitlers zum Reichskanzler und dem Reichstagsbrand wurde es noch schlimmer. Boykottposten von SS- und SA-Männern hielten Käufer vom Betreten des Geschäftes ab, antisemitische Schimpfworte wurden in den Laden geschrien. Sogar die Krefelder Stadtverwaltung untersagte Mitarbeitern den Einkauf in jüdischen Geschäften. Unsere Kunden wurden böse schikaniert, bedroht, teilweise krankenhausreif geprügelt. Lieferwagen wurden behindert, Verkäuferinnen gezwungen, Kundennamen zu nennen, die dann zudem im Stürmer-Kasten ausgehängt wurden. Unser Familienvermögen wurde konfisziert.

Meine Mutter hatte mir einmal erzählt, wie sie den Tag erlebte, an dem ein Brief aus Krefeld zugestellt wurde, und in dem mit zitternder Handschrift meiner Großmutter zu lesen war, was sich eine Woche zuvor im Hause Königsberger ereignet hatte. Das Wort Verfügung stand zweimal unterstrichen drin. Der Gerichtsvollzieher hatte dieses Dokument per Zustellungsurkunde ins Haus geliefert. Derselbe Gerichtsvollzieher, den man auch als Schuldner am Hals hatte. Also der

Vollstreckungsbeamte. Oft war er vielleicht selbst nicht mal in der Partei. Dann folgte die Vermögenserklärung, es wird alles abgefragt, was man sich nur vorstellen kann, vom Geld und Aktienvermögen, über Bücher, Bilder, bis hin zum Nachtschrank, der Kuchengabel. Jedes Detail musste angegeben und damit erfasst werden. Es war demütigend. Jedes Familienmitglied, auch jedes Kind musste das ausfüllen. Wenn es noch nicht schreiben konnte, musste der Haushaltsvorstand es vertreten bei der Vermögenserklärung. Die Finanzbehörden waren über die bevorstehenden Deportationen informiert, die Vermögenserklärungen mussten daher rechtzeitig ausgefüllt sein.

Die Familie wurde in Sammellager gebracht, die Wohnung noch einmal überprüft, desinfiziert und versiegelt, bis der örtliche Spediteur kam, um alles abzuholen und einzulagern für die Massenversteigerung, etwa in der Messehalle Köln oder im Schlachthof Düsseldorf. Es gab tumultartige Szenen bei den Versteigerungen, bei denen ausdrücklich darauf hingewiesen wurde, dass die Gegenstände aus nicht-arischem Besitz stammten. Man konnte sich auf die Bereicherungslust und auf den Antisemitismus verlassen. Jeder, der etwas kaufte, bekam eine Quittung, auf der stand oft sogar ‚aus dem Besitz des Juden/der Jüdin ... soundso'. Häufig nahmen die Gewerbetreibenden Nicht-Juden als Gesellschafter auf, um das Stigma eines jüdischen Unternehmens abzustreifen oder einen möglichen Nachfolger einzuarbeiten. Ob mein Vater als Nicht-Jude eventuell Gesellschafter der Seidenfabrik wurde, entzieht sich allerdings meiner Kenntnis.

In den Dörfern brauchte man keinen Spediteur, die Möbel wurden auf die Straße gestellt, die Wohnung leergeräumt. Alles wurde dann vom Gerichtsvollzieher versteigert. Und es kamen dann wirklich die Nachbarn oder Freunde, die alles billig ersteigerten, sogar Einmachgläser mit Inhalt. Auch in der Königsberger-Seidenfabrik kam alles unter den Hammer. Die Mitarbeiter wurden entlassen und zur Deportation vorbereitet. Sachlich, ordnungsgemäß und fein säuberlich dokumentiert. Deutsche Bürokratie eben, auch und gerade in schweren Zeiten.
– Wer konnte, floh vor den Deportationen, die in mehreren Wellen über Krefeld hereinbrachen: die erste Welle erfasste 50 Männer, Frauen

und Kinder, die am 25. Oktober 1941 nach Lodz gebracht wurden. Die nächste Deportation von 144 Menschen am 11. Dezember 1941 ging in ein Ghetto nach Riga. Zwei weitere Transporte im April und Juni 1942 brachten Krefelder Juden in den kleinen Ort Izbica unweit von Lublin, eine Art Vorhölle der Vernichtungslager Sobibór und Belzec. Im Sommer 1942 lebten schließlich fast nur noch über 65-jährige Jüdinnen und Juden in Krefeld. 223 von ihnen schickte man am 25. Juli 1942 ins KZ Theresienstadt. Einige starben dort. Manche wurden weiter nach Auschwitz oder Treblinka geschickt. Mindestens 737 Krefelderinnen und Krefelder starben im Zusammenhang mit dem Judenmord! Zu Beginn der 1930er Jahre hatten noch etwa 1600 Juden in Krefeld gelebt.

Meinem Vater ging es mit seiner Firma in Hamburg erheblich besser. Pflanzliche- und tierische Öle und Fette, Ölsaaten und Futtermittel überdauern alle Krisen und Kriege dieser Welt. Die Wirtschaftspolitik des NS-Regimes passte nicht zu Hamburg. Die Nazis wollten unabhängig werden von Rohstoff- und Warenlieferungen aus dem Ausland, die Hamburger Kaufleute dagegen lebten vom Außenhandel mit der ganzen Welt. Das Kontorviertel, der Hamburger Hafen und viele andere Unternehmen litten unter den zurückgehenden Betragszahlen. In der Mehrheit war die Hamburger Kaufmannschaft zunächst gegen die NS-Ideologie und für die Geschäfte, die im Mittelpunkt standen. Es war ein Zweckbündnis. Man arrangierte sich also mit den neuen Machthabern. Auch aus der ‚Arisierung' jüdischen Vermögens, die in Hamburg erst gegen Ende der 30er Jahre und damit später als im übrigen Reichsgebiet ihre volle Wucht entfaltete, versuchte sich die Kammer zunächst herauszuhalten. 1937 wurde Hamburg per Groß-Hamburg-Gesetz dann aber von einer Handels- zu einer Industriestadt und einem der wichtigsten Zentren der Rüstungsproduktion, etwa von Kriegsschiffen und U-Booten. So wurden letztendlich doch alle in den nationalsozialistischen Macht- und Terrorapparat hineingezogen.

Nachdem ich erstmalig am 10. Juli 1934 in der wöchentlich erscheinenden Variety dem amerikanischen Publikum als M.G's Reinhardt importee bekannt gemacht worden bin, war ich an Bord des Dampfers ‚Ile de France' bereits vielen Passagieren ein Begriff. An meinem 25. Geburtstag an Bord hatten sich, ohne dass ich es wusste, die Stewards im Salon zusammengefunden, um ein kleines Geburtstagsessen zu organisieren. Und stellen Sie sich vor: der großartige russische Bass Feodor Chaliapin und der wunderbare Violinist Mischa Elman spielten zum Tanz auf! Es war ein bewegender Abend. Ich bin nichts, dachte ich, als ich mich plötzlich in dieser verrückten und ausgelassenen Situation wiederfand. Und für einen Moment waren der heraufziehende Krieg, Diktatur und Vernichtung meines Volkes vergessen. Da erkannte ich vielleicht zum ersten Mal, dass ich in Europa bereits ein Star war. Ein Bühnenstar. Hier war ich nun alleine, ohne Familie, nur mit meinem Terrier Johnny.

Die Überfahrt dauerte eine Woche. Es war nie langweilig, zumal ich mich in guter Gesellschaft befand. Neben zahlreichen amerikanischen und europäischen Millionären, gesellten sich auch Bankiers, Diplomaten, Industrielle und Künstler. Neben Elman und Chaliapin, gab es noch den Dramatiker John van Druten, den Schnellboot-Rennfahrer Kaye Don, den Entertainer Eddie Cantor und zahlreiche Bundesagenten, die die drei Zeugen im Lindbergh Baby-Prozess nach New York eskortierten, um in dem Mordprozess gegen Bruno Richard Hauptmann auszusagen. Dementsprechend war die Sicherheit bei der Abreise, Überfahrt und Ankunft sehr hoch. Agenten fast überall. Eigentlich hätte ich mich sicher fühlen können. Immerhin hatte ich ein Ticket von MGM in der Tasche. Ich dachte, wenn es nicht klappt, gehe ich einfach wieder zurück nach Europa.

Doch dann musste ich jedes Mal bei diesem Gedanken weinen. Nicht so vor Heimweh, Zweifeln oder Ungewissheit. Ich weinte oft in meiner Kabine, vor Schmerz um zwei geliebte Menschen. Ich war verlobt gewesen. Mit einem hochrangigen Beamten aus Holland, der mich mit Privatflügen in seinem zweisitzigen Flugzeug lange Zeit umworben und schließlich zu den Probeaufnahmen von Hemingways ‚A Farewell To Arms' nach London geflogen hatte. Dort hatte ich mich unsterblich in ihn verliebt. Ende 1934 dann die Katastrophe: er verunglückte tödlich mit seiner Maschine in Afrika. Ich trauerte mit einem seiner Brüder. I had mixed them up in my mind but they were not at all alike. Sie konnten mir nicht das geben, was der Tote mir zu Lebzeiten hatte geben können.

Als ich an Bord ging, entdeckte ich, dass ich von ihm schwanger war. I realised at once that I couldn't have this new life and career and the child. It was a young foolishness. I always intimated that it was my decision not to have the child, because it was not difficult to imagine the reaction of my new bosses at MGM upon discovery that their bright new star was pregnant. Wenn ich das Kind bekommen hätte, fürchtete ich, hätte es vielleicht später wie mein Verlobter ausgesehen. Das hätte ich nicht ertragen! Nennen Sie es feige, lieber Freund, aber so waren die Zeiten nun einmal. Und glauben Sie mir: Immer, wenn sich an Bord Diskussionen um den zunächst entführten, dann ermordeten 20-Monate alten Säugling, Charles Augustus Lindbergh jr. und den anstehenden Prozess entzündeten, konnte ich nicht bleiben, unterdrückte meine Tränen und ging, unter ständig wechselnden Scheinargumenten, so schnell ich konnte auf meine Kabine. Manchmal schloss ich mich dort auch für längere Zeit ein, so dass Stewards und Freunde in ständiger Sorge um mich waren. Ich habe es ihnen nie erzählt, sondern immer nur geschwindelt. Glücklicherweise kam mir dabei mein schauspielerisches Talent gut zu pass.

Stellen Sie sich vor: ich war seine Cinderella. Als ich zum ersten Mal zur Vorsprache nach London eingeladen wurde, war ich so nervös, dass ich schnell und überhastet packte und dabei irrtümlich zwei linke Schuhe in mein leichtes Gepäck verstaute. Erst auf halber Strecke über den Kanal entdeckte ich mein Missgeschick. Ich war zu arm, um mir noch schnell an Bord neue Schuhe zu kaufen, und zu argwöhnisch, um mir von Fremden Geld zu leihen. Aber jener diskrete Liebhaber aus Holland, mit dem ich seit Wien liiert war, ließ das Schiff stoppen, kabelte an seine Jacht und segelte sogleich nach Amsterdam zurück, wo mein Gepäck bei Freunden war, um den fehlenden rechten Schuh zu holen. Er präsentierte ihn mir in einem Korb voller Blumen zurück an Bord. Cinderella hätte nicht mehr verlangen können! Sein Name: Dr. Jacobus Johannes van der Leeuw. Wir nannten ihn alle einfach nur Koos, abgeleitet von Jacobus, geboren am 26. August 1893 in Rotterdam. Seine Eltern waren groß im Geschäft mit Kaffee, Tee und Tabak. Koos hatte noch zwei Brüder, Cornelis Cees und Marius Dick.

Die drei waren in Rotterdam aufgrund ihres modernen und luxuriösen Lebensstils als ‚Die Dandys' bekannt. Koos war auch ein enger Freund von Jiddu Krishnamuti, ein indischer Philosoph, Theosoph und Gründer des Ordens des Sterns des Ostens, der von 1911 bis 1929 bestand. In 1924 reiste Koos für seine okkulte Ausbildung nach Australien, zusammen mit C.W. Leadbeater, der zu dieser Zeit junge Menschen spirituell in Sydney führte. Koos wurde Priester in der liberal-katholischen Kirche und Schatzmeister des Manor, der Villa der Theosophischen Gesellschaft in Sydney. Dort gründete er auch die King Arthur's School für Jungen. Zurück in den Niederlanden, wurde er von 1930 bis 1931 zum Präsidenten der Niederländischen Sektion der Theosophischen Gesellschaft gewählt. Dann wechselte er seinen Wohnsitz nach London, war aber ab 1933 auch regelmäßiger Besucher von Sigmund Freud in Wien.

Dort ließ er sich von ihm therapieren und dort traf er mich auch eines Abends nach einer Vorstellung. Mit klopfendem Herzen war er schließlich mit einem Blumenstrauß hinter die Bühne gekommen, wir redeten, küssten uns flüchtig, verabredeten uns, wurden schon bald intim. Heimlich trafen wir uns, denn wir beide wussten ganz genau, wie viele Klatschweiber im Theater arbeiteten, die neidisch auf uns waren und was für uns beiden auf dem Spiel stand.

1933 erhielt Koos seine Pilotenlizenz. Er flog mich nun öfter mit seinem Privatflugzeug nach London, und wir fühlten uns endlich frei. 1934 wurde er vom The New Education Fellowship nach Südafrika eingeladen, um einen Vortrag in Johannesburg zu halten. Speziell für diesen Zweck hatte sich Koos eine De Havilland Leopard Moth gekauft. Bei seinem Rückflug am 23. August 1934 stürzte seine Maschine ab und prallte gegen einen Berg in der Republik Tanganyika. Ich habe noch ein Foto von ihm. Er wurde nur 42 Jahre alt. Er war ein echter, vielleicht der erste und letzte Gentleman gewesen, den ich je getroffen hatte.

Als ich am 14. Januar 1935 in New York ankam, wurde ich von

einer Flut von Fotografen, Blitzlichtgewittern, Interviewanfragen und MGM-Beamten empfangen. Es war schrecklich, weil ich funktionieren, posen, lächeln, witzig sein musste. Innerlich aber schrie ich. Ich fühlte mich mit einem Male so entsetzlich allein, meiner Heimat entwurzelt, ohne ein Wort Englisch, völlig verloren zwischen meinen Koffern und Habseligkeiten sitzend. Sorry, Darling, but we must interrupt for now. Maggie! Maggie!!!

Ein Tag danach...

Es tut mir entsetzlich leid, dass ich Sie gestern so unvermittelt und unhöflich meiner Räume verweisen musste, aber plötzlich war alles wieder vor meinen Augen. Und dann geschah auch noch etwas, was ich niemals für möglich gehalten hätte: in der Menge der Journalisten und Fotografen tauchte plötzlich ein mir nur allzu bekanntes Gesicht auf. Es war jener ältere Mann gewesen, der im Theater in Krefeld herumgebrüllt, mir im Zug gegenübergesessen und mich dann angepöbelt hatte! Er schrie: „Verdammte Juden! Ihr seid überall und nehmt uns unsere Arbeitsplätze weg! Wir haben schon Millionen von Arbeitslosen, da brauchen wir euch Ratten hier nicht auch noch! Euer gelobtes Land ist nicht hier, sondern in Deutschland. Da weiß man wenigstens, was man mit euch zu machen hat!"

Ich wollte nicht in den Ofen, und nun war ich doch in der Hölle. Ich stand plötzlich diesem Mann gegenüber. Das Blitzlichtgewitter erschien mir mit einem Male wie Gewehrsalven; die Fotografen und Reporter spuckten mich mit einem Male an und verspotteten mich in der Sprache meiner Verbrecher. Dann wurde der Nebel wieder klar und ich sah in das Gesicht desjenigen Mannes, der in seiner Uniform, auf der sich, neben der Stars- und Stripes-Flagge, ein Hakenkreuz aufgenäht befand, den kurzgeschnittenen, grauen Haaren, den schwarzen, blitzenden Stiefeln einem Wehrmachtsoffizier ähnelte. Ich erstarrte. Er salutierte mit dem Hitlergruß, schlug die Hacken zusammen und verschwand. Ich hörte ihn nur noch rufen: Hitler ist der Freund der Deutschen überall! Viel später erfuhr ich, dass er, zusammen mit seiner Frau, seinen Kindern und Enkeln, im ‚Camp Hindenburg' in Grafton, Wisconsin, lebte, einer Art Nazi-Camp, in dem der NS-Ideologie gehuldigt wurde. Insgesamt gab es in dieser Zeit 16 Lager und Familien-Retreats, unter anderem ‚Camp Siegfried' in Yaphank, New York, ‚Camp Nordland' in Andover, New Jersey, der ‚Deutschhorst Country Club' in Sellersville, Pennsylvania, ‚Camp Bergwald' in Bloomingdale, New Jersey, und ‚Camp Sutter' bei Los Angeles. Dort fanden regelmäßige militärische Aufzüge und Drills statt; es wurde die deutsche Sprache unterrichtet, im Camp trugen die Straßen die Namen von Hitler, Göring, Goebbels usw. Die Camper, überwiegend Jungen und Mädchen im Alter zwischen 8 und 18 Jahren, gruppierten sich in eine Bewegung mit zigtausenden von Anhängern ein. Sie alle gehörten zum Amerikadeutschen Bund und hatten beste und einflussreichste Kontakte ins Dritte Reich. Was Hitler machte, wurde für sie zum Vorbild.

Auch in Hollywood gab es eine solche NS-Organisation mit Tausenden von Verblendeten: die Silberhemden. Nazi-Anhänger, Antisemiten und Kommunistenhasser schlossen sich dieser Gruppe schnell an und pflegten gute Verbindungen über den Atlantik. Ein geheimes Refugium im Bezirk Los Angeles, ein riesiges Anwesen, das Hitlers Weißes Haus an der Westküste werden sollte, wurde bereits Anfang der 1930er Jahre errichtet. Bei Aufenthalten der Nazi-Größen wollte man diesen Herrschaften ein fürstliches Zuhause bieten und gab damit dem Wunsch Ausdruck, Hitler möge auch die USA eines Tages überfallen und siegreich sein. Es war die ‚Murphy-Ranch'.

Nun aber zurück, Luischen! Ich möchte noch einmal in aller Deutlichkeit betonen: ich bin nicht immigriert, sondern mit allem Komfort zu einem neuen Engagement gereist. Ich wollte nur vergessen, und dachte: Warum soll ich es nicht einfach mal versuchen? Wenn es nicht klappt, fahre ich eben wieder heim. Also reiste ich 1935, einen Hollywood-Vertrag in der Tasche, mit allem Luxus nach Kalifornien. Luxushotel beim Zwischenstopp in Paris, Kabine Erster Klasse für die Ozeanüberfahrt, dann Erster Klasse weiter mit dem Zug nach Kalifornien. So viel zu meiner Emigration. Ich wollte zu dieser Zeit nicht als Emigrantin wider Willen und als Opfer der politischen Umstände gesehen werden, sondern als Künstlerin auf dem Karrieresprung.

In Hollywood war ich dann auch in vieler Hinsicht privilegiert. Dennoch musste ich zwei Monate auf meine erste Rolle warten. In dieser Zeit machte ich rein gar nichts, außer mit Johnny am Strand von Santa Monica Gassi zu gehen. One day, I met Anita Loos walking her dog along the beach. I told her about my situation. Anita war die erste bedeutende Drehbuchautorin Hollywoods. Ihr größter Erfolg war 1926 die Erzählung ‚Blondinen bevorzugt', die dann später mit Marilyn Monroe und Jane Russell verfilmt wurde. Anita erzählte mir, dass Myrna die Rolle der Leopoldine abgelehnt hatte. Sie war davon überzeugt, mit mir den richtigen Ersatz gefunden zu haben und setzte mich bei den wichtigen Leuten des Films durch. Ich war erstaunt darüber gewesen, dass ich, als ich in Hollywood endlich ankam, zunächst nur auf Europäer traf. Sie sprachen meine Sprache und ich dachte, wir könnten Freunde werden. Aber sie sprachen immer nur über Geld. Ich hatte schon darüber gehört, wie sehr Amerikaner nur mit Geld beschäftigt sind, aber diese Europäer waren noch schlimmer gewesen als meine amerikanischen Kollegen. Sie dachten, ich sei verrückt geworden, als ich nur über gute Rollen und über nichts anderes mit ihnen sprach.

Als ich das erste Mal das Filmgelände von MGM in Culver City betrat, war ich schlicht überfordert. Es gab in dieser Stadt einen kleinen See mit Hafen, einen Miniatur-Dschungel, eine Reihe von Parks, einen Bahnhof sowie Plätze und Straßen, die sich im alten und neuen Architekturstil miteinander abwechselten. Auch mehrere Bühnen. Eine diente für extragroße Außenszenen. Riesige Stahl- und Holzschichten machten in ihrer Verkleidung die Bühne schalldicht. Dort kämpften Stars und Sternchen jeden Tag aufs Neue ums Überleben.

Gegenüber befand sich ein dreistöckiges Betongebäude. Darin waren die Schneider- und Schneiderläden, Designerbüros und Lagerräume für die mehr als 10000 Kleider und Kostüme untergebracht. Mit Gilbert Adrian und David Cox, die sie entwarfen, und Mutter Coulter, die die Herstellung betreute, gingen einige der berühmtesten Kostüme und Stile aus diesem Gebäude in die Welt hinaus. Gleich hinter dem Kleiderschrank waren das PR- und Casting-Büro. In diesem kleinen Büro trafen sich täglich so viele Künstler, dass man oft nur von draußen hören konnte: Entschuldige, heute nichts für dich.

Irgendwann betrat ich irritiert ein großes Restaurant mit Speisesaal, Mittagessen und Soda Fontain. Es wurde auf Non-Profit-Basis betrieben und war ausschließlich für die Bequemlichkeit der Studiomitarbeiter, der Stars, Komparsen, Kameraleute und Regisseure eingerichtet worden. Die Mindestanzahl der Mahlzeiten, die an einem Tag, außer sonntags, serviert wurden, lag bei 1000, bei aufwendigen Produktionen auch bis zu 7000. Es gab dort einen Tisch nur für die Kameraleute, einen nur für die Autoren, einen nur für die Musiker und Komponisten und einen in der Mitte des riesigen Saales: den größten und prunkvollsten Tisch, den ich je gesehen habe. Dort saßen die Regisseure. An dem Tag, an dem ein Film fertig war, nachdem er zuvor einem ausgewählten Zuschauerkreis vorgeführt und nicht selten teilweise neu oder gar mit anderen Schauspielern besetzt oder mit neuem Script erneut abgedreht worden war, durfte der jeweils verantwortliche Regisseur an diesem Tisch sitzen und sich feiern lassen. Natürlich wollte jeder gerne einmal dort Platz nehmen. Ein Stuhl dort war indes immer für Clark Gable reserviert. Wenn Clark hereinkam, hatte Charlie, der Kellner, schon seine Zeitung bereitgelegt.

Es gab auch ein Café und ein privates kleines Esszimmer, in dem der MGM-Boss seinen Lunch einnahm. Meist ging er mit vier oder fünf Gästen dorthin, um sie zu unterhalten. Sogar Henry Ford habe ich dort gesehen, aber auch der Gouverneur von Kalifornien und der amerikanische Präsident sollen hier schon seinen Rat gesucht haben. An Feiertagen, wie Thanksgiving, Weihnachten, Neujahr und besonders am 4. Juli, dem Geburtstag des MGM-Bosses, waren alle Künstler mit ihren Familien eingeladen, bekamen ein kostenloses Frühstück, Truthahn zu Mittag und viel Unterhaltung. An diesen Tagen gab es keine Außenseiter. Es war alles in freudigem Aufruhr. MGM hatte ein Baseball-Team und ein Bowling-Team. Sie haben alle anderen Studios in Hollywood geschlagen. Auch besaß MGM ein eigenes Krankenhaus mit 16 Betten und eine zahnärztliche Abteilung. Da auf dem riesigen Gelände immer gebaut, abgerissen und verunfallt wurde, arbeitete in diesem medizinischen Bereich bereits sehr viel Personal.

In der Nähe des Restaurants befand sich die Fan-Mail-Abteilung. Sieben Angestellte stellten durchschnittlich 38000 Briefe pro Monat den Stars und Sternchen zu. Überall verstreut lagen Gebäude für Musik- und Tanzproben, Aufnahme- und Kameragebäude und daneben Projektionsräume, wo die täglich abgedrehten Filmsequenzen begutachtet wurden. Wie ein Fels in der Brandung erhob sich das Elektrizitätsgebäude. Die MGM-Studios verbrauchten 2,5 Millionen Kilowatt Strom, mehr als genug, um eine Stadt von der Größe Renos in Nevada zu beleuchten. Dann folgten artig die Bungalows, eigentlich die Traumhäuser der Stars mit der Make-up-Abteilung und den Fotografenateliers, einem kleinen Schulhaus für die Kinderschauspieler und weitere Sets, etwa mit den Hairstylisten unter Leitung von Sydney Guilaroff oder die Tonabteilung unter Douglas Shearer, die beide über Jahrzehnte Maßstäbe für die ganze Branche setzten.

Etwa 30 Meilen außerhalb Hollywoods hatte MGM in den Woodland Hills noble Unterkünfte für viele große Stars gebaut, die alt waren oder aus irgendwelchen Gründen nicht mehr arbeiten konnten oder wollten. In diese künstliche Stadt mit fünf Krankenhäusern darin konnte man sich einkaufen, sofern man denn 5 Prozent seines Gehaltes to the home zahlte. Und über allem thronte Louis B. Mayer, MGM Studioboss und Patriarch seiner großen, glücklichen Familie. Er hatte so viele hervorragende Stars unter Vertrag, dass das Studio mit dem Slogan ‚More stars than there are in heaven‘ warb.

Als ich, wohl bedingt durch die lange Überfahrt nach Amerika, einen hartnäckigen Magen-Darm-Virus nicht in den Griff und MGM davon Wind bekam, dass es ansteckend sein könnte, riet man mir, mich im MGM-Krankenhaus den Ärzten vorzustellen. Mein Schulenglisch war zu diesem Zeitpunkt noch nicht so gut, um gut Konversation betreiben oder Sachverhalte richtig beurteilen zu können, dennoch konnte ich verstehen, worum es in dem Gespräch grob ging, das zwei Krankenschwestern während ihrer kurzen Zigarettenpause vor dem geöffneten Fenster der Klinik führten. Die eine beklagte sich, wie rabiat mit den Stars, besonders mit den Kinderstars, verfahren werde. Dreh an 6 Tagen die Woche, 12-16-Stunden-Tage, Diättabletten am Tag,

Schlaftabletten für die Nacht, pausenlose Bespitzelung. Die andere zischte sie an, nicht so laut zu sein. Die jungen Dinger seien schließlich alle freiwillig hier und wüssten um die Konsequenzen. Die Kleine eben sei selber schuld. Hätte sich in der Stadt nicht heimlich sattfressen und danach natürlich alles wieder auskotzen sollen, so dass einige Passanten darauf aufmerksam wurden und dem knieenden Mädchen helfen wollten. Doch bevor es dazu kam, waren zwei Männer herbei gerast, sogenannte fixers, die dann eingesetzt wurden, sobald ein Star sich nicht so verhielt, wie es sich die Öffentlichkeit von ihm versprach, hatten sie in eine schwarze Limousine mit getönten Scheiben gedrängt und waren mit ihr davongebraust. Später sagte man mir, dass es sich um Judy Garland gehandelt habe.

Das Star-System, von Mayer und Thalberg perfektioniert, funktionierte so: jeder Newcomer wurde anfangs von bereits etablierten MGM-Stars flankiert, und zwar jeweils vom anderen Geschlecht. War der Newcomer dann etabliert und ein Star, wurde der wiederum von Neuankömmlingen flankiert, und zwar wiederum vom jeweils anderen Geschlecht. Jeder junge Schauspieler erhielt in den großen Studios eine Grundausbildung, die sowohl Sprech-, Gesang- und Tanzunterricht, als auch spezielle Benimmregeln als zukünftiger Hollywood-Star umfassten. Darüber hinaus gab es zahnärztliche Behandlungen und kosmetische Operationen, um den Vorstellungen des Schönheitsideals zu entsprechen. Neue Identitäten kamen am Beginn ebenfalls hinzu. Ich wurde kurzerhand zu einer Wienerin umfunktioniert und mit einem neuen Geburtsdatum versehen, der 12. Januar 1914. D.h. man legte von Anfang an das Image eines Newcomers fest. Ich wurde die ‚Wiener Träne' (the Viennese Teardrop). Dieser Rollentyp änderte sich eigentlich nie. Der Star musste sich mit diesem Typecasting abfinden, andernfalls war seine Karriere beendet, da er häufig die Publikumsgunst verlor. So sorgte man auch dafür, dass die private Lebensgestaltung der Stars möglichst stark mit der ihrer Filmrollen übereinstimmte. Ein stabiles Starimage und sein Wiedererkennungswert waren für die Arbeit der PR-Abteilung der großen Hollywoodstudios wichtig. Mack Miller, mein PR-Fachmann, erfand häufig passende Storys zu meinen aktuellen Rollen. Aber er kontrollierte mich auch. In den Studios hingen sogar

Menstruationspläne der Schauspielerinnen aus und viele Caretakers und Spione besuchten den Sewing Circle, eine Art Geheimbund in Hollywood, deren Mitglieder wohl meistens homosexuelle oder bisexuelle Frauen aus dem Showgeschäft waren, um Protokolle und Geheimberichte für die Studios zu schreiben. Ob Greta Garbo, Marlene Dietrich, Barbara Stanwyck, Joan Crawford, Katharine Hepburn oder Judy Garland, allen wird nachgesagt, Mitglieder dieses Nähkreises gewesen zu sein.

So I went to work in pictures. Somehow I felt like I was being treated like a piece of luggage, or even as an animal. Die Produzenten schauten auf mich und haben sich ständig Sorgen darüber gemacht, wie sie mein Gesicht schön in Szene setzen konnten. Ich spürte, dass alle meine Beine bewunderten. Ich achtete immer gut auf mich, machte gerne Sport und Gymnastik, um mich fit zu halten, trank nie zuviel Alkohol. Natürlich wusste ich auch, wie wichtig beim Film und Theater ein guter Körperbau und eine entsprechende Haltung sind. Sie zeigen, dass man mit sich im Einklang und belastbar ist. Denn als Schauspielerin musst du am Set immer alles geben. Das setzt Energie und Kraft voraus. Krankheiten kann man da nicht brauchen, und psychische Schwächen werden sofort von den anderen ausgenutzt.

Aber ich war dennoch ziemlich belastet. Zum einen verlangten die Filmleute bei jedem neuen Film eine Academy Award Performance von mir, was kaum durchzuhalten war. Unerfahrene Regisseure, die noch nie einen Film gemacht hatten, wollten von mir lernen. Eine ungeheure Umkehrung der Verhältnisse.

Meine persönliche Extravertiertheit, Theatralik und Expressivität waren in Hollywood damals neu und so bewunderte man mich schnell. Allerdings irritierte das auch manch einen. Die Zeitung New York Times schreibt am 9.4.1936: „Miss Rainer rechtfertigt weiterhin das Beiwort ‚reizend‘, aber sie neigt zu gefühlsmäßigen Übertreibungen, die nicht ganz gerechtfertigt sind und häufig sehr ermüdend waren." Meine Presse wurde immer schlechter. Aber das war mir zunächst egal. Gottlob traf ich im Sommer 1939 auf Paul Kohner, der seine Karriere in einer

Werbeabteilung der Universal-Studios begonnen hatte. Er verehrte mich und tat alles, um mein Ansehen wieder aufzupolieren. Er stellte mir den PR-Spezialisten Mack Miller beratend zur Seite, der schon für die Dietrich und die Garbo erfolgreich gearbeitet hatte. Ich müsse mir die Journalisten zu Verbündeten machen, riet er mir. Wir telefonierten oft, auch nachts, da dringender Handlungsbedarf bestand. Er meinte, ich müsse schnell die Spielregeln des amerikanischen Filmbusiness und eine den Künstlern in Hollywood abverlangte Selbstvermarktung lernen. In Europa kannte man das alles nicht. Da zählte nur das schauspielerische Talent. Und Kohner handelte noch weiter. Er versuchte, mich aus der Berg-Allenberg-Agentur herauszulösen, da diese absolut keinen Finger für mich rührten. Ich war einerseits so kräftig und über-ausbalanciert, dass ich alleine einen Weltkrieg gegen Hitler hätte führen können. Andererseits saß ich alleine, isoliert. Festgelegt hatte ich mich in dieser Anfangszeit noch für nichts und nirgends und ob es Indien, Afrika, Asien oder Hollywood war, ich sah dorthin, wo sich mir die größte und schönste Gelegenheit zur Entfaltung bot. Bei Theater oder Film! Dann kamen Phasen, in denen ich fühlte, dass ich nur von Gangstern umgeben war und dass ich persönlich zwar das viel besprochene große Talent besaß, aber vor Angst vor der Menschheit, insbesondere der Menschheit, die mit dem Filmberuf verknüpft war, umkam und daher zog ich mich wiederum in vollkommene Passivität zurück. Ich lag mehr tot als lebendig im Bett. Ich war so müde, dass ich einfach abends zu nichts mehr fähig war. Paulchen schickte mir Romane und Drehbücher zur Lektüre, schlug mich bei Filmschaffenden vor, bereitete alle Dokumente so vor, dass ich sie nur noch unterschreiben musste, wo er ein rotes X gemalt hatte. Es ging nicht. Ich konnte es nicht. Ich ließ wichtige Termine verstreichen, beschimpfte Journalisten und machte mich über Hollywood lustig. Weil ich es so wollte.

Immerhin war ich inzwischen eine gefeierte Oscar-Preisträgerin geworden und Hollywood ein Dorf für mich. Ende 1938 ging ich nach London, um nur noch Theater zu spielen. Am 17.7.1939 schrieb mir Paulchen einen Brief, den ich nie vergessen werde. Darin heißt es: „Sie wollen, dass ich Ihnen erkläre, was ich unter ‚Anfeindungen' verstehe. Es ist Ihnen bekannt, dass Sie überhaupt die schlechteste Presse haben, die man sich vorstellen kann. Alle Artikel und Ankündigungen, die über Sie seit Monaten erscheinen, sind sarkastisch und tendenziös, und Niemand unternimmt etwas, um dem entgegen zu arbeiten. Sie kennen doch Hollywood – man kann doch hier nicht gegen den Strom schwimmen! Sie brauchen erst einmal eine aufbauende und konstruktive Presse. Sie müssen auch wissen, dass eine andauernd schlechte und herabsetzende Presse einen Schauspieler oder eine Schauspielerin unermesslich schaden kann." Drei Monate später schrieb er mir erneut, und legte mir eine mögliche Beweisführung quasi schon in den Mund. Ich sollte einen Brief an Berg-Allenberg schreiben und ihnen erklären, dass ich unter dem Druck meines Mannes Cliff jenen unsäglichen Vertrag unterzeichnet und ich inzwischen das Gefühl hätte, dass MGM nichts mehr für mich tue, ich es aber vorzöge, mit jemandem zusammen zu arbeiten, dem ich vertraute. Am Ende sollte ich schreiben, dass Kohner mich sofort übernehmen würde.

Mack Miller verfasste einen Confidential Report to Paul Kohner on Luise Rainer und fasste, nachdem ich nach den zwei Oscar-Filmen nur noch Durchschnittsfilme gedreht hatte, zusammen: Nach seiner Erkenntnis sei es kein großer Verlust, wenn ich keine Filme mehr drehte. Das sei zwar grausame Kritik, basiere aber auf Fakten und Umfragen. Dennoch könne das Problem, wenngleich ein schweres, gelöst werden, sofern ich kooperierte. „Das bedeutet nicht, dass sie ihren Charakter verlieren muss ... ihre Gewohnheiten ändern oder etwas tun muss, was nicht ihren Prinzipien oder ihrer Lebensweise entspricht. Es ist nur eine Frage der Toleranz, des Nachdenkens, der Rücksichtnahme und Menschlichkeit, vor allem gegenüber der Presse, denn sie repräsentiert den Puls der Welt. Es braucht Zeit und Zuwendung. Wenn Fräulein Rainer das Gefühl hat, dass wir ihr helfen können und kooperiert, wird sie ein Strukturplan wieder in das Ansehen des Publikums bringen, das sie so sehr verdient, weil sie eine großartige Künstlerin ist."

Und Paulchen schaffte es, mich den Fängen der Berg-Allenberg-Agentur zu entreißen. Er sorgte jetzt dafür, dass ich, neben Mack Miller und ihm, noch zwei weitere Filmagenten an die Seite gestellt bekam: Frank und Victor Orsatti. Victor telefonierte immer herum, ließ sich nie abwimmeln, und wenn es dann so weit war, übernahm Frank, von dem man munkelte, er habe die besten Kontakte zur Mafia, und handelte die Verträge und Gehälter aus.

Als Paulchen mir 1942 noch einmal eine Filmrolle vermittelte, konnte ich mich, rückblickend betrachtet, eigentlich glücklich schätzen, denn Schauspielerinnen mit deutschem Akzent gab es mittlerweile im Überfluss. Zudem galt ich als schwierig und hatte, wie schon erwähnt, seit Jahren keinen Film mehr gemacht. Ich wollte einfach Filme machen, die künstlerisch so sind, dass ich sie ehrlich unterschreiben kann. Aber das wollte oder konnte mir Hollywood nicht bieten. Und so geriet ich mit ‚Hostages' in einen durchschnittlichen Anti-Nazi-Film. Und damit war ich endgültig in der Nische angekommen, in der viele europäische Schauspieler in Hollywood dann steckten: als Darsteller von Nazis und Nazi-Gegnern. Während dieser Dreharbeiten versuchte ich, die Presse für mich einzunehmen. Doch der Film floppte. Die New York Times schreibt: above all Luise Rainer is the most affected. With unfocusing eyes, she walks through the role of the baron's daughter as if she were a sleepwalker hearing voices. In acting, manners tend to become bad manners. And so with the film.

Wenn ich da an meinen Debüt-Film ‚Escapade' denke. Die Kritiken überschlugen sich förmlich. Der wirklich großartige William Powell hatte veranlasst, mich im Vorspann als Co-Star aufzuführen. Eine tolle Auszeichnung für eine Quasi-Debütantin. Powell hatte wohl Angst, dass er neben einer Unbekannten wie mir schlecht dastehen könnte. „Macht aus ihr einen Star, sonst sehe ich wie ein Idiot daneben aus!", hatte er gesagt, nachdem der eigentliche Star Myrna Loy die Rolle der Leopoldine abgesagt hatte. Und das geschah schon am zweiten Drehtag. Danach war ich tatsächlich ein Star. Und die Rolle der Leopoldine war für mich perfekt! Und das meine ich nicht einmal zynisch. Mein Englisch war schlecht und mein deutscher Akzent schlug überall durch. Da meine Sprechweise vom amerikanischen Publikum akzeptiert werden sollte, war ich nicht für alle Rollen geeignet und so spielten selbst die erfolgreichsten bzw. anerkanntesten Schauspieler und Schauspielerinnen wie Marlene Dietrich, Paul Henreid und ich zunächst Ausländer, nicht notwendigerweise Deutsche oder Österreicher, sondern alle möglichen Europäer. Später spielte ich sogar eine Chinesin.

So blieb ich auch als Künstlerin in Hollywood eine Ausländerin. Es war schrecklich! Als die Zahl der deutschsprachigen Schauspieler in Hollywood Ende der 1930er Jahre deutlich anstieg, reichte die Zahl der Ausländer-Rollen nicht mehr, um ihnen Arbeit zu geben. Daher waren auch die Verträge in der Regel auch nur für einzelne Filme ausgehandelt. Auch hier hatte ich mit meinem 7-Jahres-Vertrag bei MGM den Sechser im Lotto gezogen. Dachte ich zumindest.

Mit der Rolle der Wienerin Leopoldine verzieh mir das amerikanische Publikum wohlwollend mein schlechtes Englisch. Ich wurde zu einer Sensation. Schon in Österreich, eigentlich in ganz Europa, war ich das Wunderkind der Bühne gewesen und Reinhardt bestaunte mich. Ich hatte vertraglich sechs Monate Zeit, mein Englisch zu verbessern, und so lernte ich mit einer amerikanischen Schauspieler-Kollegin von MGM diese Sprache zu perfektionieren.

Dabei war ‚Escapade' so logisch in dieser Zeit. Europa war Hollywoods bedeutendster Exportmarkt in den 1930er Jahren, d.h. man bediente vor allem und insbesondere das deutsche und österreichische Publikum. 1934 entfielen 87,8 Prozent der erwarteten Einnahmen auf Europa. Daher war ‚Escapade' den kulturellen Vorlieben der Europäer geschuldet. Außerdem sahen sich Menschen Filme von jeher in erster Linie an, um unterhalten zu werden. Unterhaltend ist ein Film, der in erster Linie Vergnügen bereitet. Was Menschen unterhält, ist jedoch keineswegs universell, sondern unter anderem kulturell und sozial differenziert. Zudem hatten die Europäer die höchste Kinodichte. Dadurch entbrannte auf dem Markt eine große Konkurrenz von US- und europäischen Filmen dieser Jahre. Also bediente man das kulturspezifische Unterhaltungsbedürfnis der Europäer.

Dabei halfen die Amerikaner kräftig nach, indem sie mit der ‚Motion Picture Patents Company' (MPPC) schon 1908 ein Instrument schufen, um die europäischen Firmen vom eigenen Markt zu verdrängen und die amerikanische Filmproduktion stärker zu fördern. Die großen Filmfirmen produzierten also Filme, die sie selbst verliehen und in ihren eigenen Kinos aufführten. Darüber hinaus bot man speziell Filme mit Europa-Bezug dem europäischen Publikum an und bildete ein Kartell, um die Konkurrenz vom Markt zu verdrängen. Nicht zuletzt fand Hollywood in der US-amerikanischen Regierung eine Verbündete, die den Export von Filmen auf vielfältige Weise unterstützte. 1922 schloss sich die US-Filmindustrie schließlich in der ‚Motion Picture Producers and Distributors of America' (MPPDA) zusammen, um unter anderem Handelsbeschränkungen für US-Filme in Exportländern zu beseitigen.

Unterhaltung und Zerstreuung waren im Heraufziehen des Weltkrieges in Europa dringend vonnöten und sehr gefragt. Dennoch zog das nationale Publikum, trotz aller Raffinessen des US-Filmindustrie, die Filme des eigenen Landes vor denen Hollywoods vor, was den amerikanischen Filmschaffenden ein Dorn im Auge war. Das bedeutete nun, noch Europa-näher zu werden, als der europäischste Europäer! Man baute fast ganz Wien in Hollywood nach, ließ österreichisch-emigrierte Schauspieler darin agieren und imitierte, so gut es ging, deren Moden, Traditionen usw. Um dieses so authentisch wie möglich zu gestalten, wurden wichtige Personen des Produktionsprozesses, wie Regisseur, Drehbuchautor oder Darsteller aus dem Land eingekauft, in das der Film exportiert werden sollte. Sie alle kannten sich eben am besten aus, was den europäischen Publikumsgeschmack betraf. Zudem waren viele Studiobosse emigrierte Europäer, so etwa Louis B. Mayer, der MGM-Boss, aus Minsk in Weißrussland, Carl Laemmle, Boss der späteren 20th Century Fox, aus dem oberschwäbischen Laupheim und Adolph Zukor von Paramount aus Ricse im Nordosten Ungarns.

Das Drehbuch zu ‚Escapade' schrieb übrigens Walter Reisch. Er war gebürtiger Österreicher gewesen, bevor er amerikanischer Staatsbürger wurde. Seine Spezialität war es, das typische Wiener Flair herzuzaubern, was er in ‚The Great Waltz' erneut brillant unter Beweis stellte. Er hätte mir einmal sagen können: „Immer wenn sie eine Konstruktion brauchen, einen Anfang, eine Mitte und mehr als alles andere ein neues Ende - dann holen sie mich, glücklicherweise. Meine Spezialität ist es, eine Story zu entwerfen, Charaktere zu erfinden und Szene für Szene so zu skizzieren, wie sie im Drehbuch stehen sollen. Und so baute ich eine Rolle für dich, liebe Luise, auch in ‚The Great Ziegfeld' ein, die dir den ersten Oskar bescherte." Und schlussendlich ist ‚Escapade' ja nur eine Neuverfilmung des österreichischen Films ‚Maskerade'! Er, wie viele andere zeitgenössische Beispiele auch, zeigen, wie Stoffe adaptiert wurden, die zuvor in Europa konzipiert und für ein neues Publikum umgearbeitet worden waren.

Und so bekam ich die Rolle der Leopoldine und nicht, wie ursprünglich geplant, Myrna Loy aus Montana. Was kaum jemand weiß: Myrna had had an abortion a few weeks before reporting to the set to play Leopoldine. After the abortion she contracted a septic infection that rendered her sterile and ruled out future pregnancies. Sie verlor ihre Rolle, weil ihre Abtreibung den Verantwortlichen bei MGM bekannt wurde. Meine Angst mit dem ungeborenen Kind unter meinem Herzen entdeckt und ebenso wie Myrna beim Versuch einer Abtreibung erwischt zu werden, wurde ich den ganzen Film über nicht los. Myrna war mein warnendes Vorbild, eine Schwester im Geiste, eine Seelenverwandte geworden. Natürlich hatte sie keine Ahnung von meiner Pein. Die hatte niemand.

Den ersten Oscar zu ‚The Great Ziegfeld' verdanke ich eigentlich meinem Terrier Johnny. Nun sehen Sie mich nicht so entgeistert an. Ich erkläre es Ihnen ja. Also: Berühmt wurde die Szene, in der ich in der Rolle als Anna Held, frisch geschieden von Ziegfeld, diesem am Telefon zu seiner neuen Hochzeit gratuliere und dabei meine Tränen hinter einem Lächeln verberge. In dieser Szene, die zunächst herausgeschnitten werden sollte, wirkte ich so aufgewühlt, dass mir die Jury den Oscar einfach geben musste. Mein theatralischer Stil, der sich so auffallend vom under acting amerikanischer Filmstars unterschied, hatte die Jury offensichtlich recht beeindruckt. Und dabei war diese ganze dargestellte Bandbreite menschlicher Gefühle keine Schauspielkunst gewesen, sondern echt. Am Abend zuvor war Johnny erkrankt und winselte fürchterlich. Es brach mir fast das Herz. Also brachte ich ihn noch in der Nacht zum Tierarzt. Dort entdeckte ich einen wunderhübschen, kleinen Cockerspaniel, der auch sehr krank aussah und in derselben Nacht noch starb. Bei diesem qualvollen Sterben war ich aber zugegen, wohl wissend, dass mein Johnny wieder gesund werden würde. Doch dieser tapfere Cockerspaniel berührte mich am allermeisten. Als wir die Telefonszene am darauffolgenden Tag drehten, musste ich an diesen bedauernswerten Hund denken und so entstand diese traurige berühmte Szene. Denn schauen Sie, ein Künstler sollte zur Arbeit gehen wie ein Dieb oder ein Mörder zum Ort seines Verbrechens. Man kann nicht schaffen, indem man von sich spricht. When you're sad, you may be sad about one thing or another, but the feeling is the same and if it wells up in you, you can make use of it and translate it into whatever you need.

Und noch eines: Sie hatten die Telefonszene bereits geschrieben. Ich überflog das Skript und meinte: Diese Szene ist so gar nichts! Kann ich sie neu schreiben?
Sie zuckten mit den Schultern und verwiesen mich an Mayer. Ich sagte ihm: „Schauen Sie, ich möchte sehr gerne diesen Film machen. Aber da ist eine Szene, ich hielt inne, ich könnte etwas daraus machen, das auch funktioniert." – Mayer war sehr verärgert über meinen Vorschlag. Er meinte drohend: Schon nach der ersten Hälfte des Films werden Sie draußen sein. Ich antwortete ruhig: Es interessiert mich nicht, wie lang mein Part sein wird.

Ich hatte kurz zuvor Cocteau's Einakter ‚La Voix Humaine' gesehen und besonders der Monolog einer Frau am Telefon hatte mich begeistert. Diesen ahmte ich künstlerisch nun nach und sagte Robert Leonard, dem Regisseur: Dreh die Szene in einer einzigen Einstellung.
Als der Film fertig war, hatte er eine Länge von über 4 Stunden! Mayer beharrte darauf, dass unter anderem auch die Telefonszene der Schere zum Opfer fallen sollte, aber der Produzent, Hunt Stromberg, kämpfte wie ein Löwe, und so blieb sie drin.

Nach der Oscar-Verleihung zum gefeierten Film ‚The Great Ziegfeld' gab Mayer, der MGM-Boss, zur Feier der Oscar-Nacht noch eine eigene Ziegfeld-Party, bei der alle Gäste kleine Replika-Oscars erhielten. Auf den Einwand, die Academy könnte ihn möglicherweise wegen Verletzung des Copyrights verklagen, erwiderte der Filmmogul schulterzuckend: „Kann sie ja versuchen, sollte dabei aber bedenken, dass ich den ganzen Laden erfunden und finanziert habe."

Die Oscar-Verleihungen waren früher viel einfacher gehalten, viel seriöser als heute. Schon die erste Oscarverleihung von 1929 war eine geschlossene Veranstaltung gewesen. Für etwa 270 geladene Gäste der Filmbranche. Etliche Jahrzehnte später verfolgten rund eine Milliarde Fernsehzuschauer in über 200 Ländern die Übertragung des Events. Es war in den Fünfzigern kein Zirkus wie heute. Man bekam seinen Oscar und dann gab es ein großes Essen. Und es waren alle wichtigen Leute da. Es war ruhig und ernst. Man hat diesen Oscar überreicht bekommen. Man hat sich für diesen Oscar bedankt. Und damit war die Sache erledigt. Ein viel beklatschter Gag der Oscar-Zeremonie von 1937: Der Moderator des Abends, George Jessel, bat die Gewinner des Jahres, sich bei ihren Dankesreden kurz zu halten und nannte den wenige Wochen zuvor abgedankten König von England, Edward VIII., als ein Beispiel: Wenn man die britische Krone in zwei Minuten aufgeben kann, sollte man für die Annahme eines Oscars auch nicht länger brauchen. – Es war ein offizielles Familientreffen, verstehen Sie? Mehr nicht. Am 19. März 1953 kehrte ich, nach 15 Jahren Abstinenz, nach Hollywood zur Oscar-Preisverleihung zurück und durfte die Laudatio zum besten fremdsprachigen Film ansagen. Das war Tortur und Triumph gleichermaßen für mich.

Der schnelle Erfolg mit den beiden Oscars in Folge war wohl zu viel für mich gewesen. Es kam alles auf einmal; ich dachte, ich könnte den Erfolg, den ich schon in Deutschland hatte, einfach so fortsetzen, ohne großartig mehr dafür tun zu müssen. Als ich dann mit einem Mal für einige Jahre von MGM ausrangiert wurde, und die Filmbosse mit mir nichts mehr anzufangen wussten, stürzte ich mich in ein gefährliches Ungleichgewicht. Das bestand darin, dass ich entweder tagelang nur im Bett lag, lustlos und depressiv, oder dass ich mich plötzlich auf einen dieser zahlreichen Partys wiederfand, zu denen man mich regelmäßig einlud. Am Rande einer dieser Partys war ich mit den Songschreibern E.Y. Harburg und Harold Arlen ins Brown Derby Restaurant am Hollywood Boulevard gegangen, um über die anstehenden Dreharbeiten zu ‚The Good Earth' zu sprechen, als Clifford, von dem ich vorher nie etwas gehört hatte, hereinkam. Er setzte sich neben mich, wechselte aber den ganzen Abend lang kein Wort mit mir.

Als er dort saß, verspürte ich eine seltsame und außergewöhnliche Anziehungskraft und zugleich ein Gefühl einer Spannung. Unser zweites Treffen war auf einer Party, die Dorothy Parker gegeben hatte. Ich fühlte seine Augen wie zwei Laserstrahlen auf mir. Am nächsten Tag telefonierten wir, und er meinte: „Kann man Sie mal alleine treffen?"

Wir lachten viel, aber ich spürte rasch, dass er unter meinem Erfolg litt. Seine Stücke brachten ihm nicht das erhoffte Geld, so sehr er sich auch bemühte. Selbst in der Hochzeitsnacht in einem Hotel in Mexiko schickte er seinen Typewriter raus, weil ihm der wohl auf die Nerven ging, und arbeitete die ganze Nacht an seinem Stück. Den nächsten Tag verschlief er, während ich mit Freunden am Strand verbrachte. Wenn ich ihm dann am Abend von dem erzählte, was er alles verpasst hatte, wurde er jähzornig. In der Verfilmung seines ersten Drehbuches ‚The General died at dawn' sollte ich nach seinem Willen die Hauptrolle übernehmen. MGM weigerte sich aber, die Darstellerin an Paramount auszuleihen, und so ging die Rolle an Madeleine Carroll. Clifford tobte, meinte, ich habe mich nicht ausreichend genug bei MGM für ihn eingesetzt.

Ich erinnere mich noch ganz genau an den heißen Sommertag auf Long Island 1937. Albert Einstein erholte sich gerade in seinem kleinen gemieteten Häuschen in Peconic, Long Island, als Cliff, einige von unseren Freunden und ich versuchten, mit unserer Yacht an dem kleinen Landesteg am Saranac Lake anzulegen, was unmöglich erschien, da die Yacht einfach zu groß dafür war. Wir hatten vor, Einstein zu überreden, einer Gruppe jüngst eingetroffener Flüchtlinge aus Europa zu helfen – ein Anliegen, dem er sich niemals verschließen konnte. Als er sah, dass wir nicht ankern konnten, kam Einstein, sein weißes Haar im Wind wehend, ein strahlendes unschuldiges Lächeln auf seinem Gesicht, mit einem Ruderboot herbei, um den Passagieren zu ermöglichen, an Land zu gehen. Als ich und Cliff das Ruderboot besteigen sollten, war Cliff klar, dass Einstein mich attraktiv fand. Zu diesem Eindruck kam er, als er sah, wie Einstein spielerisch an meinem Haar zog. Ich, verwirrt, brachte das Boot zum Kentern und hätte den großen Wissenschaftler fast ertränkt. Natürlich wurden von den Freunden sofort Fotos von uns geschossen, weil man so etwas natürlich gern zu Hause schmunzelnd berichten und dokumentieren wollte. Als diese Bilder dann später entwickelt wurden, zog Cliff in einem Anfall von eifersüchtigem Zorn eine Schere heraus und schnitt das Bild Einsteins aus einem der Fotos heraus. Glücklicherweise blieben die anderen Fotos von seinem Zorn verschont, so auch zwei, die mich allein mit Einstein zeigen.

Aus dieser Begegnung wurde ein Flirt. Wir waren zunächst so froh darüber gewesen, endlich jemanden gefunden zu haben, mit dem man deutsch sprechen konnte. Ich weiß nicht, ob Einstein ein Fan von mir war; er wurde ein Freund. Er bewunderte vor allem meine Lebhaftigkeit. Und es beeindruckte ihn, wenn ich gestenreich und theatralisch mein Leben ihm vorführte. Ich betete ihn an und wollte ihm unangemessen sexuell-verführerisch, teilweise auch provokant erscheinen, was er aber alles geduldig überging. Ich fürchte, ich habe es überzogen mit ihm. Wahrscheinlich war diese zwischenmenschliche Beziehung gar nicht so eng, wie ich es dachte. Im Sommer 1937 kamen wir wieder im Haus des Architekten William Destin zusammen, um im Knollwood Club zu trinken und mehrere Ruderbootfahrten zu unternehmen. Dieses Mal ohne Gäste und ohne Slapstick. Allerdings erinnere ich mich, dass Jacob Billikopf manchmal mitfuhr, um die Seriosität dieser Ausflüge zu bewahren. Zudem leitete er zwischen 1936 und 1938 das Nationale Koordinierungskomitee für die Hilfe von Flüchtlingen und Emigranten.

Einstein versuchte, in Deutschland festsitzende Juden nach Amerika zu bringen. Von Princeton aus. Ich weiß, dass es mehrfach gelang. Boris Schwarz, ein talentierter Geiger, gehörte zu jenen, denen er mit einer Bürgschaft und einem extra dafür angelegten Konto in Höhe von 2000 Dollar half. Auch einem seiner Cousins, Heinz Moos, einer Verlobten einer Verwandten, Alice Kohn, dazu Felix Ehrenhaft, seinem Freund und Physikprofessor an der Wiener Universität, und einer weiteren Verwandten, Brigitte Alexander-Katz, die auf der Flucht vor den Nazis in Frankreich gestrandet war, bürgte er für deren Zuverlässigkeit und Integrität sowohl in persönlicher als auch politischer Hinsicht. Jeder von ihnen, und vermutlich noch vielen anderen in Not Geratenen eröffnete er ein Konto und sorgte dafür, dass sie, sollten sie die Einreise in die USA gewährt bekommen, nicht der Öffentlichkeit zur Last fallen. Und das, obwohl Einstein in dieser Zeit, und wir sprechen hier von den Jahren um 1938, kaum über Geld verfügte. Also bat er einen seiner langjährigen Freunde, den reichen Biochemiker Leon Watters, um Hilfe. Watters unterzeichnete mehrere Bürgschaften im Auftrag Einsteins und eröffnete in dessen Namen zahlreiche Konten. Auch stellte Einstein sorgfältig einige Manuskripte und Bücher aus seinen Regalen zusammen, um diese auf einer Auktion zu verkaufen. Der Erlös war wiederum für die Hilfe deutscher Juden bestimmt.

Überhaupt kam viel mit der Hauspost, wahlweise mathematische, soziale, rechtliche oder politische Angelegenheiten oder philosophische Diskussionen, aber auch mannigfache Bitten um Hilfe, die manchmal lächerlich oder sogar unverschämt waren, bis hin zu Heiratsanträgen unbekannter Damen, nachdem Einstein Witwer geworden war. Einsteins Sekretärin, Helen Dukas, Valentin Bargmann, sein Assistent sowie sein Freund, Otto Nathan, ein Wirtschaftswissenschaftler, waren bemüht, indem sie Tausende von Antworten an jene Fremden schrieben, nachdem sie es mit Einstein abgestimmt hatten. Sie wollten ihn einfach nur entlasten. Vieles wurde von ihnen vorher abgefangen und gelangte gar nicht erst auf Einsteins Schreibtisch, beispielsweise der Brief seiner ersten Liebe, Marie Winteler. Sie schrieb, um zu sagen, dass sie nicht in Vergessenheit geraten wolle und ob er ihr nicht hundert Franken leihen könne.

Ein anderer Brief enthielt eine Einladung nach Michigan, wo es in einem Haus spuke. Einstein wurde eingeladen, den übernatürlichen Phänomenen auf die Spur zu kommen. Albert fuhr natürlich nicht in das Geisterhaus, sondern schrieb auf den Seitenrand des Briefes, dass jene Hausbesitzer ein Beruhigungsmittel nehmen sollten, sofern sie auch weiterhin nicht gut schlafen sollten. Aber was rede ich?

Clifford war kein Fels von Gibraltar. Er brauchte selber einen. Mich. He wanted to have me to himself, to be everything I was, with all the world success and everything, but for him alone and nobody else. Er war ein großes Geheimnis für mich gewesen. Ich hatte keine Ahnung, dass er Kommunist war. Er gab mir schon in den Flitterwochen Marx zu lesen, aber meine Politik war in dieser Zeit menschlich und liberal gewesen. Ich engagierte mich im Spanischen Bürgerkrieg und half Ernest Hemingway, den Clifford natürlich auch hasste. Heute weiß ich: Clifford hatte nur Platz für sich in seinem Herzen. Gottlob, dass ich ihn noch nicht in Wien damals kannte. Er hätte alles daran gesetzt, Ernst Troller, der in mich, ich aber nicht in ihn, sondern in ihn als Mann, nicht als Liebhaber, verliebt gewesen war, zu vergraulen. Damals hatte ich für Troller ohnehin keinen Platz in meinem Leben, because there were so many other men in love with me at the time. I lived with men. Today I would have been called liberated.

1937 zogen Hemingway und Joris Ivens durch die USA, um ihren gemeinsamen Dokumentarfilm ‚Die Spanische Erde' auf Versammlungen zu zeigen und Geld für Krankenwagen und Medikamente zu sammeln. Ivens hatte die Kämpfe im Spanischen Bürgerkrieg gefilmt. Präsident Roosevelt ließ sich vorab den Film im Weißen Haus zeigen. Ich fand Hemingways Idee gut. Ich wollte mehr wissen. Vor allem den spanischen Kindern im Bürgerkrieg wollte ich helfen. Als Kind hatte ich den Ersten Weltkrieg durchgestanden und wusste nur allzu gut, wie schrecklich das alles für die Kleinen sein musste. Ich war gegen den Faschismus. Aus gutem Grund. Und gegen Franco.

Obwohl ich mich nicht als politisch interessiert sehe, wollte ich helfen, musste Partei ergreifen. Immerhin war ich zweifache Oscar-Preisträgerin. Mein Wort und mein Erscheinen hatten allseits großes Gewicht. Und so fand ich mich voller Neugier zu einer jener privaten Filmvorführungen von Hemingway und Ivens im Haus von Frederic March ein. Zu meiner Überraschung waren auch Ernst Lubitsch, Fritz Lang, Dorothy Parker, die nach dem Film entsetzlich weinte, Robert Montgomery und viele andere Promis gekommen. Alle spendeten. Nur Errol Flynn wollte nichts geben und verdrückte sich, als es so weit war, durch ein Badezimmerfenster nach draußen. Na ja.

Die Situation der Kinder auf dieser Welt lag mir irgendwie schon immer sehr am Herzen. 1940 engagierte ich mich, zusammen mit der Präsidentengattin, Eleonore Roosevelt, für die Gründung des U.S. Committee for the Care of European Children, das die Aufnahme von durch den Bombenkrieg gefährdeten Kindern aus England und vielen deutsch-jüdischen Flüchtlingskindern organisierte.

Hemingway sprach sehr eindringlich über das Leiden der spanischen Soldaten und der Zivilbevölkerung. Seine vier Reisen nach Spanien als ein Kriegsberichter hatten ihn entscheidend geprägt. Am Ende des Abends kamen 17000 $ zusammen, genug für 17 neue Krankenwagen. Unter den geladenen Gästen befanden sich auch Mitglieder der Kommunistischen Partei und der Anti-Nazi-League, die von Donald Ogden Steward, seines Zeichens MGM-Drehbuchautor, mitgegründet worden war. Natürlich hatte das FBI immer ein Auge auf uns, aber das war mir egal. Immerhin war mir das Ganze nicht neu, war ich doch in dieser Zeit noch Gattin eines Kommunisten. Und auf Cliff konnte man sich verlassen.

Auch am Abend der Oscar-Verleihungen zu ‚The Good Earth' gab es wieder einmal heftigen Streit. Schon die Entwicklung des Films war ein Drama gewesen. Mayer, der MGM-Boss, war gegen das Projekt. Irving Thalberg, Filmproduzent und Stellvertreter Mayers, schlug dennoch mich vor und boxte den Film gegen alle Widerstände durch. Er sagte, ich sei gut genug für diese Rolle als O-Lan. Als Thalberg während des Drehs unerwartet mit 37 Jahren an einer Lungenentzündung starb, litt ich die ganze Zeit als und mit O-Lan. Ich war eine unglückliche, chinesische Bäuerin, aber der Regisseur, Sidney Franklin, ein netter, sensibler Mann, half mir durchzuhalten.

Cliff war eifersüchtig auf ihn, weil, wie er glaubte, wir viel mehr miteinander sprachen, als privat daheim. Als um 20.35 Uhr das Telefon läutete und ein Mitglied der Academy sich am anderen Ende der Leitung meldete, um mir mitzuteilen, dass ich gewonnen habe, war ich zu

Hause in Pyjama und Pantoffeln. Dem Film hatte ich keine Chance gegeben und so war ich nicht zu meiner zweiten Oscar-Nominierung hingefahren. Während ich mich hastig anzog, stritten Clifford und ich heftig; worüber, weiß ich nicht mehr. Ich weiß nur, dass ich ihn darum ersuchte, nicht mit mir zur Verleihung zu kommen. Aber er bestand darauf. Ich war den Tränen nahe, und dann im Auto heulte ich richtig los, als wir vor dem Biltmore Hotel vorfuhren. Wir gingen fünfmal um das Gebäude herum und durch die angrenzenden Straßen, bevor ich mich beruhigen konnte und bereit war, den Preis anzunehmen.

Cliff hat sehr in sich selbst gelebt. Er versuchte, mich ständig zu kontrollieren. Er war oft unfähig, einen anderen Menschen anzunehmen. Wir hatten beide unsere Arbeit, wir brauchten Zeit für uns selbst. Wir mussten uns trennen, weil wir wussten, es geht nicht. Er hätte mich sonst emotional zugrundegerichtet. Er machte mir andauernd Vorwürfe, meinte, ich triebe es mit allen Männern Hollywoods. Wir hatten oft Streit, der mir die letzte Kraft raubte, und der sich immer seltener eine Versöhnung anschloss. Bei einer dieser turbulenten Versöhnungen wurde ich schwanger. Ich entdeckte es im Mai 1938. Sie können sich sicher vorstellen, dass ich sofort an Koos und sein Baby denken musste, das ich nicht haben konnte. Und nun sollte ich erneut ein Baby von einem Mann bekommen, von dem ich dieses Mal genau wusste, dass er mich eigentlich nicht liebte und sein Kind niemals akzeptieren würde? Erlassen Sie mir die schmerzlichsten Details. Anfang Juni 1938 ließ ich Cliffs Kind abtreiben. But it was his fault. Because he was terrible ... I knew it was not possible. He would have killed me. Ich war tot! Zum zweiten Mal schon. Andere Frauen in meinem Alter schätzten sich überglücklich, zusammen mit einem fürsorglichen und liebenden Ehemann ein Baby zu haben. Ich war nun schon zum zweiten Mal um die Früchte einer treuen und wahren Mutterschaft gebracht worden, da auch sie keine Zukunft gehabt hätte.

In Odets Nachlass fand sich später ein Telegramm an mich, das er aber nie abgeschickt hatte. Darin erklärte er mir die Freude, die er empfunden hatte, nachdem er über meine Schwangerschaft informiert worden war. Er malte sich aus, mich aus den Klauen von MGM zu befreien und mit ihm aufs Land zu ziehen, um das Kind gemeinsam großzuziehen. Hätte ich dieses Telegramm jemals bekommen, ich schwöre Ihnen: genau das hätte ich damals getan! Später erfuhr ich, dass Cliff die Schauspielerin Bette Grayson geheiratet und mit ihr zwei liebe Kinderchen gehabt hat.

Diese Zukunft währte nur knapp drei Jahre. Am 8. Januar 1937 hatten Cliff und ich geheiratet, nachdem Cliff, so gefühlsroh und zugleich ängstlich er war, meine Eltern um deren Einwilligung zur Heirat am 21. November 1936 geschrieben hatte, ohne sie bis dato je gesehen und mit ihnen gesprochen zu haben. Ein Brief genügte ihm auch in derartigen Herzensangelegenheiten. 1940 wurde unsere Ehe als hoffnungslos zerrüttet geschieden. Wir kamen beide fast zur selben Zeit zu der Erkenntnis, dass es keinen Zweck mehr hat. Cliff hatte meine Briefe an ihn einer berühmten Graphologin, Lucia Eastman, vorgelegt, wobei er meine Namen schwärzte und sich als Mr. Von Delf ausgab, um herauszufinden, was für ein Mensch ich sei. Lucia Eastman fand anhand meiner Handschrift heraus, dass ich in meiner Jugend schwer gelitten haben müsse, misstrauisch sei und eine unbelehrbare Eitelkeit habe. Sie kam zu dem Schluss, dass eine Heirat wohl überlegt sein will, da mein Charakter kaum zu dem des sensiblen, kleinen Jungen, gemeint ist Mr. Von Delf, auf längere Zeit hin passen werde.

Cliff betrog mich zudem mit einer anderen Schauspielerin, Frances Farmer aus dem Group Theatre. Andererseits hatte ihm sein shady Therapeut geraten, seine Sexualität mir gegenüber einzustellen, da diese seine Kreativität zerstöre. Aber mit Frances schien alles gut zu funktionieren. Sie war die Tochter eines Rechtsanwalts und in 1935 nach Hollywood gekommen, um dort für Paramount zu arbeiten. Sie spielte hier und da, auch in Cliffs Stück ‚Golden Boy' in New York, jedoch ohne den durchschlagenden Erfolg. 1943 wurde sie wegen ihrer radikalen politischen Ansichten für geisteskrank erklärt und in die Nervenheilanstalt Western State Hospital in Lakewood eingeliefert. Dort hätte eigentlich auch Cliff hingehört. Na ja. Wenn er wütend war, und das war er oft, zerschlug er sämtliche Möbel und das Geschirr. Dabei rief er: „Du willst immer nur Zucker, Zucker, Zucker!" Die ganze

Zeit! Als wir einmal in ein Taxi stiegen, um irgendwo hin zu fahren, schrie er mich die ganze Zeit über an, bis der entnervte Taxifahrer an einer Straßenecke anhielt, Cliff heraussprang, die Tür zuknallte, der Fahrer mich ansah und meinte: „Sehen Sie zu, dass Sie diesen Bastard loswerden.“ Clifford schenkte mir zum Abschied eine ganze Reihe handsignierter Bücher aus seiner Feder, u.a. ‚Night Music‘ von 1940 oder ‚Golden Boy‘ aus dem Jahre 1937, in das er in besseren Zeiten hineingeschrieben hatte: „Luise, Darling – Here is the first book off the press, for you, and with all love, from your old devil, C.“

Aber eigentlich war ich kein Deut besser als er. Ich stürzte mich direkt nach der Scheidung von Cliff in eine Romanze mit Erich Maria Remarque. Zumindest empfand ich es so. Später war ich entsetzt, als ich erfuhr, wie er darüber dachte. Er meinte, wie gut er zurechtkäme ohne irgendwelche ‚Rios und Rainers‘, mit denen man bei der ersten Verabredung verheiratet und bei der zweiten bereits geschieden sei.

Cliff hatte im Herbst 1940 über Erich Maria Remarque in seinem Journal geschrieben und vorsichtig eine mögliche Zusammenarbeit mit seiner Anti-Faschisten-Kampagne in Betracht gezogen. Da Cliff ihn noch nicht kannte, und nicht wusste, wie Remarques politische Gesinnung bezüglich Hitlers Nationalsozialismus war, entschied er sich, Remarque anzurufen und ihn, wenn es gut liefe, zu einem Treffen einer Anti-Faschisten-Demo einzuladen. Am 6. September rief Cliff ihn an. Es lief gut, so gut, dass sich die beiden Männer bereits fünf Tage später in Remarques Haus trafen.

Remarque war ein sehr maskuliner Mann mit feinem Humor, elegant, schnippisch und mit allerlei deutschen Tugenden. Zunächst sprachen sie über Malerei, Formen und Techniken. Remarque besaß unter anderem vier Cézannes, dann philosophierten sie über das europäische und amerikanische Leben allgemein, wobei sie Politik mieden, um am Ende über Schauspielerinnen zu sprechen. Erich wusste natürlich, dass Cliff und ich miteinander verheiratet waren. Und er hatte mich ein- oder zweimal auf Partys gesehen. Er beugte sich zu Cliff herüber und meinte: „Erzählen Sie mir bitte nur von ihr, wenn Sie es wirklich möchten. Tun Sie es nicht, wenn Sie denken, es aus gebotener Höflichkeit oder gewahrter Etikette tun zu müssen. Sie leiden, mein Freund, ich sehe es Ihnen an. Mein Vater sagte mir schon früh: ‚Verliebe dich niemals in eine Schauspielerin.' Er meinte Marlene Dietrich. Schauspielerinnen verlieben sich nur in Männer mit Verstand, Liebe und Bewunderung ihnen gegenüber und sie lieben diese auch nur dafür. Ich glaube, Schauspielerinnen können sich wahrlich nur in Künstler ihres Faches verlieben, da sie sie wirklich verstehen."

Erich lachte laut, als er meinte: „Dann verletzen sie dich, betrügen dich mit anderen Männern, und wenn du dann ein langes Gesicht ziehst oder sie zur Rede stellst, dann schauen sie dich vorwurfsvoll an und sagen dir: ‚Andere Männer reagieren gelassener und würdevoller als du. Denk mal drüber nach, warum ich dich gerade mit diesem Mann hier betrüge?'"

Der Seitenhieb saß, aber sie lachten beide und schämten sich am Ende doch über ihre Geschmacklosigkeiten. Sie hatten sich gründlich über uns Frauen beklagt und nun gingen sie ihr Leben aufs Neue an. Drei Monate nach diesem Gespräch in Erichs Haus machte dieser nach über drei Jahren mit Marlene Dietrich Schluss. Doch die Nächste war bereits in den Startlöchern: Greta Garbo. Allerdings eine eher ruhige Affäre, wenn man bedenkt, wie eifersüchtig und lautstark die Dietrich auf Erichs Frauen reagiert hatte. Die Garbo bewunderte er sehr, ihren gottgleichen Körper, der ästhetisch wie ein Puma auf ihn wirkte. Die Garbo muss wohl lausig im Bett gewesen sein, behauptete zumindest Erichs zweite Frau, Paulette Goddard, einer Freundin gegenüber mal.

Aber was weiß ich denn. Erich hatte ein großes Verlangen nach Frauen. Er behauptete, der Mensch habe so viele verschiedene Facetten, die eine Frau alleine gar nicht befriedigen könne. Einmal erzählte er mir, dass die Garbo die einzige Frau in seinem Leben gewesen sei, die nichts von ihm wollte. Im Sommer 1941 ließ es Erich sexuell etwas ruhiger angehen. Er datete, so viel ich mitbekam, nur wenige Frauen, unter anderem Frances Cain, eine zweitklassige Schauspielerin, Greer Garson und Lady Sylvia Ashley, die Witwe von Douglas Fairbanks

Sr. und zukünftige Frau von Clark Gable. Sie alle stehen in Erichs Tagebuch, aber ohne irgendwie großartigen, emotionalen Nachhall. Im August 1941 datete er die irische Schauspielerin Maureen O`Sullivan, die mit dem Drehbuchautor und Schriftsteller John Farrow verheiratet war. Beide galten als Hollywoods glückliches Ehepaar ohne Skandale. Doch Maureen wurde von Erich schwanger und ließ ihr Ungeborenes am 5. Oktober 1941 abtreiben. Erich wusste es. Die Ehe mit John hielt.

Im Dezember 1941 trat Amerika in den Zweiten Weltkrieg und damit gegen Nazi-Deutschland ein. Nach dem japanischen Überfall auf Pearl Harbor hatte Erich keinen US-Pass. Schlimmer noch: Er war, wie mein Vater dereinst in Hamburg, staatenlos und durfte sein Haus von 8 Uhr abends bis 6 Uhr in der Früh nicht verlassen, und wenn, dann nur in einem Radius von fünf Meilen. Er schreibt verbittert in sein Tagebuch: „Wie klein die Welt doch geworden ist. Einst von Horizont zu Horizont, dann ohne Deutschland, ohne Österreich, ohne Italien – Schweiz, Europa – dann ohne Mexiko, nur Amerika blieb übrig, dann kamen noch mehr Schwierigkeiten hinzu; durfte nur mit Genehmigung verreisen und jetzt nur noch innerhalb von 5 Meilen in Hollywood."

Nach kurzer Affäre mit der in Berlin geborenen Ballerina Vera Zorina, schaffte er es irgendwie, Ende Oktober 1942 nach New York zu kommen und im Sherry Netherland Hotel einzuchecken. Ich schickte ihm Blumen. Wir waren beide gestrandet. Unsere Karrieren als eingezäunte, unerwünschte Künstler nahezu beendet. Von der Heimat im Stich gelassen, verraten.

Als wir uns das erste Mal sahen, wusste ich, dass er mit mir die Nacht verbringen wollte. Aber ich wollte nicht. Nennen Sie es prüde, mein Freund. Er war zudem sehr dem Alkohol zugetan und ich wusste nicht, wie ich damit umgehen sollte. Er war häufig betrunken. Verstehen Sie mich nicht falsch: Er war auch dann, vor allem dann, sehr witzig und charmant, aber ich stand seiner Trunkenheit eher hilflos gegenüber. Als junges Mädchen wusste ich ihn da nicht rauszuholen. Zumal er in Oskar Homolka, mit dem ich in ‚Hostages' zusammen spielte, einen Saufkumpan fand. Oskar hatte einen schlechten Einfluss auf Erich.

Als meine Verlobung mit Robert in der berühmten Kolumne von Walter Winchell des New York Daily Mirror die Runde machte, erhielt ich eines frühen Morgens, es mag so gegen 5 Uhr gewesen sein, einen Anruf von Erich, der völlig außer sich war: Was hast du um Himmels Willen vor? Willst du diesen Buchverkäufer wirklich heiraten? Bist du verrückt geworden?

Boni, so nannten Remarque alle europäischen Freunde damals, benannte sich nach einem Bonifazius Kiesewetter, einer Art mythischen Gestalt, einer volkstümlichen Figur, einem erstklassigen Mediziner, der gerne Zoten erzählte. Diese Gestalt betonte oft, dass er gerne einer Ehe entgangen wäre. Für Remarque war Familie gleichbedeutend mit Sich-zur-Ruhe-Setzen, mit Belastung, Ersticken, Gefangensein. Selbst der Gedanke daran war ihm verhasst. Als Boni hörte, wie ernst es mir mit Robert war, beließen wir es mit gegenseitigen, steifen Besuchen. Obwohl er noch immer in mich verliebt war, ließ er sich nichts anmerken und verhielt sich gegenüber Robert und mir immer vorbildlich. Seine romantische Ader blitzte ab und an mal auf, indem er mir Blumen schickte, humorvolle Zettelchen zusteckte oder ein schelmisches Gedicht zu Weihnachten 1942 zukommen ließ. Hören Sie selbst:

Junges Fräulein, ich möcht' fragen
Bin ich nicht der rechte Mann?
Hab' ich nicht die Qualitäten,
Die ein Mädel freuen kann?

Ich bin stark und nicht zu hässlich
Nicht zu groß, doch nicht zu klein;
Trinke auch sehr wenig Whiskey,
Hie und da ein bisschen Wein.

Respektsperson bin ich für jeden,
Alle lachen meinen Witz;
Manchmal angenehm und reizend,
Oftens Donner, Blut und Blitz.

Frauen weiß ich wie zu lieben,
Alle suchen meinen Blick,
Wenn sie meine Stärke fühlen,
Kommen immer mehr zurück.

Bin ich wohlgelehrter Junge,
Kenne alles, Alt und Neu,
Die Romane, die ich schreibe
Machen meine Leser treu.

Darf ich fragen, gnädig' Fräulein,
Bin ich nicht der Mann für Rainer –
Darf ich meinen Namen sagen? –
Ich heiß'
Herr Sogibteskeiner!

Ein halbes Jahr später, im Juli 1943, tröstete er sich schon mit einer neuen Eroberung. Mit einer Natascha Soundso. Zu dieser Zeit lag seine Heimatstadt Osnabrück unter einem Trümmerhaufen. Zerbombt, zerschossen, ausgeblutet. Die 6. Armee war in Stalingrad aufgerieben worden. Der Anfang vom Ende des Krieges.

Aber nicht nur die Kolumne von Walter Winchell war verantwortlich dafür gewesen, dass über meine Scheidung von Cliff öffentlich diskutiert wurde, auch Cliff selbst tat Vieles, um sich als großer Bühnenschreiber wieder ins Gespräch zu bringen. Sein langjähriger Freund, Cary Grant, mit dem er sich gerne in der Öffentlichkeit zeigte, erfuhr natürlich aus erster Hand und schon sehr früh von der Trennung. Und Cary, der wiederum mit dem exzentrischen Milliardär und Filmmogul Howard Hughes bekannt war, dessen Freundschaft quasi unumstößlich zu sein schien, erzählte ihm das natürlich sofort. Cary sagte später oft, dass die Freundschaft zu Howard so eng war, da beide Männer absolut nichts voneinander beruflich wollten. Über alles andere weiß ich nichts. Ich war zwar nicht sozusagen Howards ideales Beuteschema, was Frauen betraf, was dann Jane Russell ein paar Monate später im Sommer 1938 auch prompt erfüllte, aber dennoch interessierte er sich für mich.

Allerdings war er mehr auf meine beiden Oscars und den Glamour darum, als auf mich fixiert gewesen. Im Sommer 1938 hatte Howard gerade angefangen, Oscar-Gewinnerinnen zu verführen, beispielsweise Katharine Hepburn, Ginger Rogers, Joan Fontaine, Olivia de Havilland, Susan Hayward und Bette Davis.

Bevor Howard zu seiner Weltumrundung mit seinem Flugzeug startete, suchte er sexuelle Zerstreuung, um sich abzulenken. Ob er es mit mir tat, möchten Sie nun wissen, lieber Freund. Nun, da wäre sicherlich nun jedes weitere Wort zu viel. Aber nicht von ungefähr war sein Spitzname The World's Greatest Womanizer. Was ich allerdings zu Howard noch sagen möchte ist Folgendes: er entwickelte tolle Flugzeuge, die er auch selber flog. Mit diesen selbstentwickelten Flugzeugen stellte er einige Rekorde auf, unter anderem 1935 den absoluten Geschwindigkeitsrekord von 567 km/h und die Rekordzeit von 7 Stunden, 28 Minuten und 25 Sekunden für die Strecke Los Angeles – New York. Auch sein Rekord der schnellsten Weltumrundung mit 91 Stunden im Jahr 1938 brachte ihm Anerkennung ein. Von ihm stammt auch die Grundidee für die Lockheed Constelllation, eines der ersten Passagierflugzeuge mit Druckkabine.

Zusammenfassend kann man sagen, dass ich ein ganz, ganz schlimmes Privatleben in Hollywood führte, aber gleichzeitig einen riesigen, äußeren Erfolg hatte. Eine Weltkarriere hatte ich gestartet. Jedes liebe Mädchen hat gedacht: wie glücklich muss die sein, wie schön ist deren Leben? Dabei war es entsetzlich. Und ich konnte nicht mehr. Ich war innerlich kaputt. Und das, was in mir noch gesund war, wollte fliehen. Meine gottgegebene Gesundheit musste raus. Ich musste raus. Dieses unnatürliche, ewige Beobachtetwerden konnte ich nicht mehr ertragen. Ich wurde überall angesprochen, angegafft. Meine Ehe wurde öffentlich diskutiert. Alles wurde zerpflückt. Wissen Sie, Hollywood interessiert sich nicht für einen Menschen. Ich war nur ein Stück Geld, nicht wahr? Ich war etwas, das Geld machte. Eine Investition. Dann habe ich meinen Freunden erzählt, dass ich weggehen werde. Das hat sich natürlich herumgesprochen. Die Rainer will weg! Und eines Tages war die Rainer wirklich weg!

Eigentlich hatte ich nicht die Absicht, es erneut mit einer Ehe zu versuchen. Ich wollte mich ganz meiner Arbeit wieder widmen, und nach meiner schlimmen ersten Erfahrung fürchtete ich, das eine geht mit dem anderen nicht zusammen. Er hat lange um mich geworben. Robert Knittel, Schweizer Verleger, Schriftsteller und Sohn des sehr berühmten Schriftstellers John Knittel. Gegen Ende des Krieges hatten wir uns auf einer Party in Manhattan kennengelernt. Bereits auf dieser Party gestand er einem seiner Freunde: Luise und ich teilen die Liebe zur Musik und ein intellektuelles Leben. Ich werde sie heiraten.

Die letzten zwei Jahre des Krieges waren ziemlich anstrengend für mich gewesen. Ich engagierte mich unter anderem beim 106th Station Hospital in Naples, Italien, und beim Amerikanischen Roten Kreuz. Ich war mit meinem Unterhaltungsprogramm im Mittleren Osten und in Nordafrika unterwegs gewesen, nicht zuletzt beim Persian Gulf Theatre. Dieses Theater spielte eine wichtige Rolle im Zweiten Weltkrieg. Strategisch gesehen galt es, die fruchtbaren Ölfelder des Golfes unter seine Herrschaft zu bekommen. Amerikaner, Iraner und Saudis stritten darum, wer die Felder verteidigen und im allerschlimmsten Fall zerstören sollte, sollten die Nazis dort einmarschieren. 65000 Zivilisten, westliche Diplomaten, Agenten, Ölfirmenchefs und Militärs warteten gespannt die sich zuspitzende Lage ab. Da tat Zerstreuung sichtlich gut. Und die bot ich von 1943 bis 1944 in Perfektion. Aber, wie komme ich nun darauf, mein Lieber?

Jeden Morgen auf seinem Weg zum Verlag kam Robert an meinem New Yorker Hotel vorbei, in dem ich seinerzeit wohnte, und schob ein liebendes Gedicht unter meiner Tür durch. Cliff was my passion, Robert was my home. Wir waren 45 Jahre, bis zu seinem Tod, glücklich verheiratet. Er war das Geheimnis, aber positiv gemeint. Immer war er tolerant, immer harmonisch, gutgesinnt und verständnisvoll. Er hat mich behandelt, als sei ich der Mittelpunkt des Universums. Wenn man ein Weltstar ist, gleicht man einer Uhr, die jedermann zerlegen will. Robert wollte das nie, und das rechne ich ihm noch heute hoch an. Denn Stars sind wie die Tiere des Zirkus, die ihre Künste nicht nur in der Manege zeigen müssen: auch in der Pause wollen sie im Tiergarten des Zirkus bestaunt werden. Beim Füttern, beim Trinken, beim Schlafen und womöglich auch bei der Paarung. Wer sich nur in der Arena zeigt, ist bestenfalls ein Schauspieler. Nur wer sich im Tiergarten zeigt, ist meiner Meinung nach ein Star.

Und in diesen Wirren zeigte sich mir eine ganz besondere Frau. Es begegnete mir Anais Nin, berühmt für ihre erotischen Erzählungen und ihre leidenschaftliche Affäre mit dem Schriftsteller Henry Miller. Im Sommer 1941 schreibt Nin, im Kontext zu unserer Freundschaft, in ihr Tagebuch: „Nothing fascinates me more than the actress." Wir blieben über viele Jahre hinweg enge Freundinnen. Anais und ich besprachen viele Dinge, auch intime Sachen, besuchten von Zeit zu Zeit den White Whale Nightclub und ließen uns in den unmöglichsten Posen ablichten. Anais meinte oft: „We are like sisters. We need each other." Das konnte ich, besonders, nachdem ich Auszüge aus ihrem Tagebuch gelesen hatte, nur bewundernd erwidern: „I am like you. How alike we are!"

Im September 1941 schreibt sie über mich: „Luise is always saying that the Luise on the screen is not she. It is an image born of lighting, of artifice, enhanced by acting. She did not recognize or love the actress. Luise's image of herself and the image on the screen do not match. The woman on the screen is a stranger to her. And yet, of course, the woman on the screen is not a stranger: although Luise sees her actress self as ‚an illusion', she is jealous of her as a ‚heightened self'."

Im Winter 1941 schreibt Anais in ihr Tagebuch, nachdem ich ihr schon des Öfteren Henry aufgrund seiner Frauengeschichten versucht hatte auszureden: „Luise is too ill to be a good friend. Every word and emotion in her is now negative. She is a woman who has lost herself and feels that she can recover it by acting this self."

Dabei hatte ich ihr nur geraten, ihre europäischen Arbeiten zu vergessen, wenn sie in Amerika erfolgreich sein wollte. Ich weiß auch nicht, warum ich ihr das geraten hatte, war ich ja selber nicht in der Lage gewesen, meine manierierte, übertriebene, eben auch europäische Schauspielkunst über Bord zu werfen. Und von Anais verlangte ich es! Absurd, oder? Vielleicht war es ihre Rache, daraufhin die Schwierigkeiten, die ich mit Cliff hatte, ihrem Tagebuch anzuvertrauen und noch dazu in ihrer Erzählung ‚Stella' von 1945 zu verarbeiten.

Ich bin darin die Titelfigur, die in einem kleinen, dunklen Raum sitzt und unfähig ist, ihre eigene Figur auf der Leinwand zu erkennen. Oh, welch Weitblick, würde ich heute sagen. Damals war ich stinksauer. Wir haben uns aber wie so oft auch damals wieder zusammengerauft. Ich denke, als ein Odets-Opfer fiel es mir leichter, mich an Anais zu binden. Sie verstand mich am nächsten, und so war es kein Wunder, dass mich am Ende eine psychische Intimität mit ihr verband. Sie gestand mir mal: Ich weiß, was Mutterschaft ist. Ich kenne eine Mutterschaft, die über die biologische Mutterschaft hinausgeht – ich habe Künstler getragen und Leben und Hoffnung und Schöpferkraft. Ich lindere die Leiden anderer. Ich sehe mich selbst, wie ich Schläge mildere, Säuren auflöse, Gifte neutralisiere. Verwirrt sah ich sie an. Hatte sie das zweite Gesicht? Ich wusste zu dieser Zeit nicht, dass sie im Sommer 1934 eine Engelmacherin aufgesucht hatte, der Eingriff aber war fehlgeschlagen, so dass ihre Schwangerschaft erst mit einer schmerzhaften Todgeburt endete. Sie wollte das Kind nicht, da sie nicht wusste, wer der Vater war. Über die Hochzeit mit Robert schreibt sie: „It was very formal and I did not enjoy it, but they seemed very happy and I am glad she is saved from a difficult life as an actress."

Als die Freundschaft mit ihr zu eng wurde, warf ich sie raus. Verstehen Sie mich bitte nicht falsch: ich bin nicht lesbisch. Ich liebe Frauen und ich habe viele Freundinnen, aber ich bin nicht lesbisch. Es war mir mit ihr einfach zu eng, zu persönlich, und ihre Absichten vertrat ich in keinster Weise. Da warf ich sie raus. Sie wollte mir in meiner Großartigkeit, meiner Grandiosität nur schaden.

„Möchten Sie die beiden Oscars sehen?", fragt sie mich plötzlich und sieht mich erwartungsvoll an.
„Gern", antworte ich. Und schon angelt sie gekonnt nach ihrem Pferdchen, ihrem Gehwägelchen, zieht sich daran hoch und bittet mich, ihr ins Arbeitszimmer zu folgen.
„Ich liebe Spaziergänge", meint sie und ihre Augen funkeln wie die eines

jungen Mädchens. – „Früher war ich oft zwei oder drei Stunden unterwegs. Dann wurde mir manches plötzlich ganz bewusst."

Sie bittet mich, die Tür zum Arbeitszimmer zu öffnen. Der Blick gibt zunächst den massiven Schreibtisch frei. Sie hält mit einem Male inne und ihr Gesicht verdunkelt sich. Dort saß Mayer, der MGM-Boss.
Sie drückt die Tür ganz auf und ist unvermittelt in ihrer so ganz eigenen Welt, der Welt des Films und Theaters. Ein Schatten erhebt sich quer über die Wand und poltert:
„Was fällt Ihnen ein, den Haupteingang zu meinem Büro zu benutzen? Sie haben sich dieses Privileg nicht verdient, und so, wie ich es sehe, werden Sie es sich auch nicht verdienen! Solange Sie mit diesen verrotteten Kommunisten arbeiten. Mit diesem Brecht und... Wie heißt der andere noch?"
Mayer eilte schon immer der etwas zweifelhafte Ruf eines sehr einnehmenden, fordernden Wesens voraus. Es hieß: Lass ihn nie zu dir aufs Fensterbrett, sonst sitzt du bald draußen.

Er bat mich, Platz zu nehmen. Während ich das tat, ließ ich ihn nicht aus den Augen. Es ist sonst nicht meine Art, derart jemandem ins Gesicht zu sehen, dabei die vereinzelten kalkweißen Partikel auf seiner Brille nach deren Ursache zu befragen, oder sich über die wie eingeschossen wirkenden Barthärchen in einem ansonsten makellosen Gesicht zu wundern, die wie einsame Oasen aus einer riesigen Hautwüste herausstachen. – Er stand auf, stellte sich hinter mich und beugte sich, da ich nun vor ihm saß, langsam über meinen Kopf zu den Schultern herunter, so dass ich seinen Atem spürte und umschattete mich mit seinem, die Stuhllehne aufstützenden Arm, während er tief einatmete.

„Sie riechen verdammt gut, Frankenstein. Es stört Sie ja wohl nicht, wenn ich Sie so nenne. Vergessen Sie es bitte niemals: ich habe Sie erschaffen. Ich kann Sie jederzeit, wenn ich will, auch wieder zerstören. Wie der Schöpfer sein Geschöpf."
Mayer drehte meinen Stuhl grob zu sich herum und sah mich mit hochrotem Kopf an. „Warum, verdammt noch mal, können Sie nicht auf meinem Schoß sitzen, wie alle anderen Mädchen auch, um dann

Ihren lächerlichen Vertrag mit mir zu verhandeln?"

Ich antwortete, und ich glaube im Nachhinein, dass ich es ruhig vortrug: „Mr. Mayer, Sie haben keine Katze im Sack gekauft. Bereits in jungen Jahren war ich ein Star auf europäischen Bühnen, bevor ich nach Amerika kam. Und Sie wissen das. Übrigens: Gott erschuf mich, nicht Sie. Und ich möchte Ihnen noch etwas sagen: alle Ihre großartigen Schauspielerinnen sind heute schon 40 oder 50 Jahre alt – Katharine Cornell, Helen Hayes, Gertrude Lawrence, Laurette Taylor – und schon längst auf einem absteigenden Ast. Ich bin Mitte 20. Sie, Herr Mayer, müssen auch schon um die 60 sein.. In 20 Jahren werden Sie tot sein. Dann wird mein aufregendes junges Leben erst beginnen!"

Mayers Stimme wurde schneidender: „Warum, Frankenstein? Warum Straßenkleidung, anstatt Abendrobe? Warum keine Schminke? Warum die wilden Haare, und warum, verdammt noch mal, beharren Sie ständig auf der lächerlichen Bezeichnung ‚Bühnenschauspielerin'?"
Er schlug wütend mit der Faust auf den Schreibtisch.
„Sie hübsches kleines Pferd, Sie. Ich werde Sie fertigmachen, dass Sie am Ende denken, Ihre beiden Oscar-Statuen könnten Voodoo-Puppen gewesen sein! Seit Monaten kritisieren Sie mich in der Öffentlichkeit und ziehen meine jüdische Familie als Mayer's-Ganz-Mischpoche durch den Dreck. Sie ruinieren mir nicht noch länger meine Firma!"

Ich stieß ihn weg, stand beherzt auf und ging vorsichtig Richtung Nebeneingang und sagte: „Ich habe keine Energie mehr. Meine Inspiration ist dahin. Ich dachte, als amerikanische Staatsbürgerin würde es mich erfüllen, die tapfer kämpfenden US-Truppen in Italien und Nordafrika mit meiner Kunst zu erfreuen oder Waisenkindern in Europa zu helfen, aber alles vergebens. Ich bin ausgebrannt. Ich habe in mich hineingehorcht; da ist nichts mehr, was ich geben kann."
Er sah mich scharf an: „Wozu brauchen Sie Inspiration? Haben Sie keinen gescheiten Regisseur?"
Mayer verstand mich einfach nicht. Seine allein auf seichte Unterhaltung und Kommerz abzielenden Filme waren mir ein Greul. Ich lehnte sie allesamt ab, obwohl er mich zunächst noch dafür gecastet hatte.

Ich hätte aber besser eine Auszeit von sechs Monaten nehmen sollen und keinen Abschied. Es klingt verrückt, aber vielleicht hätte ich noch viel häufiger spazieren gehen sollen. Heute habe ich das Gefühl, mein Talent nicht wirklich genutzt zu haben – ich hätte noch 50 Filme machen müssen. Nach meinem frühen Leistungserfolg zog eine Mittelmäßigkeit bei mir ein, nunmehr gelegentlich durchsetzt mit kurz aufleuchtender Brillanz, schon von Kindesbeinen an. Ich imponierte meinen Eltern und Verwandten, die sich an mir allerdings schnell müde sahen. Ich imponierte Dumont, Lindemann, Reinhard, Thalberg, den vielen Kollegen am Set, war der Meteor für sie am Himmel, aber schnell verlor ich mich in Langeweile und Leere, wenn die eigenen Leistungen hinter meinen Erwartungen zurückblieben. Meine Tätigkeit als Schauspielerin war nichts! Es war nicht perfekt und es musste doch alles perfekt sein. Daher musste ich doch die Telefonszene aus ‚The Great Ziegfeld' selber schreiben, musste doch Fellini helfen, ein gutes Skript zu entwickeln, aber es wurde mir nie gedankt. Stattdessen wurde ich immer nur oft gedemütigt.

Kapitel 4

Kapitel 4

Gedankenversunken (1944 – 1960)

Meinen lieben Mann Robert, Gott hab ihn selig, vermisse ich sehr. Seine Asche stand jahrelang in dieser Wohnung, aber darüber will ich jetzt nicht reden. Auch nicht über seine Krebskrankheit, an der er am 15.06.1989 starb. Ich hoffe, er sieht freundlich von oben auf mich herab und ist stolz auf mich.

Wir hatten uns auf einer Party in Manhattan gegen Ende des Krieges kennengelernt. Er, der Sohn des bekannten Schweizer Schriftstellers John Knittel, hatte sofort ein Auge auf mich geworfen. Noch am Ende der Party verkündete er, dass er mich heiraten werde.
Am Abend nach der Party rief Robert gleich seine Eltern in der Schweiz an, um ihnen die Neuigkeiten des Tages mitzuteilen, und dass er sehr verliebt in mich sei. Er nannte mich sanft: sein girl.

Schon vor der Hochzeit überlegte er, auf welche Weise wir heiraten, dementsprechend den Pfarrer aussuchen, und in welchem Glauben wir unsere zukünftigen Kinder erziehen würden. Für ihn war das kein Problem, dass ich halb jüdisch, also partly jewish und er evangelisch war. Ich machte mir Sorgen, ob mich Roberts Familie gut aufnehmen und ob ich je eine gute Schwiegertochter für sie sein würde. Besonders für Robert's Mutter musste es ein Schock gewesen sein, als sie von mir zum ersten Mal erfuhr. Frances White Mac Bridger, Roberts Mutter, war ihr Lebtag mit ihrer ersten großen Liebe John glücklich verheiratet gewesen. Da gab es kein Taktieren mehr. Und nun sprach ihr Sohn plötzlich, taumelnd und vor Glück überschäumend, von einer Hochzeit mit einer bereits einmal geschiedenen Schauspielerin! Ich denke, sie und ihr Mann haben sich schnell über mich informiert. Und mein Ruf war nicht der beste damals. I got a reputation that I did not want to work. And

I did not counteract that. My energies had shifted. I had grown tired of the baloney and nonsense. Und natürlich wollte und musste Frances ihren einzigen Sohn vor mir warnen, den sie, genauso wie John, über alles liebte. Er sollte nicht in sein persönliches Unglück rennen. Robert war, im Gegensatz zu mir, in der Liebe noch unerfahren, hatte sich Hals über Kopf in mich verliebt. In mich, eine um neun Jahre ältere Frau, von der die Medien glaubhaft vermittelten, sie sei häufig ungeduldig, kompromisslos, querulantisch und egozentrisch. Woher sollte Frances wissen, dass ich es ehrlich mit Robert meinte?

So heirateten wir am 12. Juli 1945 in der Church of the Ascension in New York, zogen dann zunächst in das Apartment, in dem zuvor schon Clifford und ich gelebt hatten, nämlich University Place in Greenwich Village, um später in das ruhige Viertel nach Midtown East zum Beekman Place zu ziehen, wo man einen großartigen Blick über den East River erhaschen konnte.

Das Licht der Welt erblickte unsere Tochter Francesca dann am 2. Juni 1946 in New York. Es wurde für uns drei eine völlig neue Welt. Den Schrecken des Zweiten Weltkrieges entronnen, atmeten die Menschen diese neue Welt förmlich erleichtert in sich auf. Überall spürte man die neue Zuversicht auf eine bessere Zukunft, das Glück einer zweiten Chance. Der Juni 1946 war ein heißer Monat gewesen. Auf der LaSalle Street und der Amsterdam Avenue in Harlem sprangen die Kinder aller Nationalitäten um Fontänen herum, um sich abzukühlen. In der Nähe des Fulton Fish Market standen zahlreiche Jungs, die ihre Männlichkeit theatralisch zur Schau stellten und Eis schleckten. Schuhputzer waren emsig bei der Arbeit. Erdnussverkäufer zwängten sich mit ihren zweirädrigen Karren durch die engen Autokolonnen. Fresh roasted peanuts – 5 Cent. Die S-Bahnen ratterten den Broadway entlang, dazwischen immer wieder Aufmärsche von Soldaten und natürlich Leuchtreklame: Heinz' Ketchup, von Coca Cola oder Rheingold Bier. Die majestätischen Wolkenkratzer verhüllten ihr Antlitz im morgendlichen Nebel. Die Metropole New York hatte bereits begonnen, sich zu einer Weltstadt zu mausern.

Am 2. Juni ließen Robert und ich eine Karte an alle unsere Freunde, Bekannte und Verwandte drucken mit folgendem Text: „Robert Knittel and Luise Rainer Knittel have the joy of announcing the birth of their little Francesca."
Francesca bedeutet so viel wie ‚Die Freie'. Sie sollte sich frei und selbstbewusst in dieser neuen, freien und befreiten Welt fühlen und bewegen dürfen. Das war unser kleines Zeichen an diese Welt. Zum ersten Mal genoss ich das große Glück, Mutter sein zu dürfen und einen liebenden Ehemann an meiner Seite zu haben.

Wir bereisten Maienfeld, Roberts Zuhause, als Francesca gerade zehn Wochen alt war. Die Großeltern sollten sie kennenlernen. Die Bediensteten der Villa Römersteig waren natürlich neugierig an diesem schwülen Augusttag und drückten sich die Nasen an den Fenstern platt. Die Bediensteten, das waren ein Kindermädchen, das extra für unsere Francesca geholt, aber auch für andere kleine Besucher im Haus angestellt worden war, eine Hauswirtschafterin, ein Gärtnerehepaar und ein Zimmermädchen.

Vor dem Haus, auf dem breiten Kiesweg, hatten sich alle versammelt, um ihre Gäste zu begrüßen. Der Wagen fuhr vor. Robert stieg aus und öffnete die Beifahrertür. Ich nahm Francesca auf den Arm; sie schlief ganz friedlich. John trat auf Robert zu, drückte ihn fest an sich. Dann meinte er, und dabei nahm er mich freudig in den Blick: „Wir freuen uns alle sehr, dass ihr den Weg zu uns gefunden habt. Luise hat ja nun dich, und das ist viel." Champagner wurde gebracht, Gläser klirrten und es herrschte eine ausgelassene Freude.

So viel Liebe, Offenheit und Güte hatte ich nicht erwartet. Ich war von Hollywood noch völlig verunsichert, weinte viel, ließ keine Fremden mehr an mich heran, stand auf der Schwarzen Liste und war von daher nicht mehr als Schauspielerin zu vermitteln. Meine Karriere war vorbei. Doch im Haus von John und Frances fand ich ein neues Zuhause, Geborgenheit und uneingeschränkte Liebe. Sie nahmen mich auf, ich war nun die neue Schwester für sie alle. Es war das Paradies auf Erden für mich. Während Ost und West in Europa im Kalten Krieg verharrten, war die neutrale Schweiz wirklich ein großes Glück für uns. Und es fehlte an nichts.

Robert und ich gingen wandern, bestiegen Berge und erfreuten uns an der blühenden Natur. Eines Abends, ich glaube, es war Mitte der 50er Jahre, hörte ich zufällig, wie John im Beisein seiner Frau Frances über absolut haltlose und jeder ernstzunehmenden Grundlage entbehrende Anfeindungen und Verleumdungen anderer sprach, die ihn schwer getroffen und ihn als Nazi beschimpft und abgestempelt hatten. Der Krieg war noch nicht weit weg und die Suche nach den einstigen Verbrechern in vollem Gange. John wehrte sich gegen diese Anfeindungen nicht; er vertraute mit seinem unerschütterlichen Optimismus darauf, dass die Wahrheit auch ohne sein Zutun eines Tages ans Licht kommen werde und sich alle Verleumdungen in Luft auflösen würden.

Ersparen Sie mir Näheres, lieber Freund. Es schmerzt zu sehr. Als junge Mutter, die ich mir einredete, mit 36 Jahren noch zu sein, und darüber hinaus oft weit von Europa und dessen Sorgen entfernt, steht mir ein umfassendes Urteil nicht zu.

Ende November 1961 wären Robert und ich mit einer Verkehrsmaschine der British European Airlines über Dinkelsbühl in Bayern fast abgestürzt, nachdem wir in ein Luftloch gefallen waren. Die viermotorige Turboprop-Maschine war von Wien in Richtung München gestartet und nordwestlich von München in schwere Turbulenzen geraten. Wir fielen mehr als tausend Meter tief. Cases and coats were flying all over the place. I must have hit the ceiling half a dozen times. People were screaming. It was really terrible frightening. We went up and down and backwards and forewards. Some people were strapped in their seats, so they were all right, but others were badly injured. When it was all over, I found myself under about six people and a lot of luggage. I had a fractured spine and Robert concussion and head injuries. Seine Wunde am Kopf musste mit sieben Stichen genäht werden. Und auch ich zog mir schwere Verletzungen zu. Robert hatte während des Absturzes von Flug 523, der im Endeffekt für uns alle glimpflich verlief, die ganze Zeit meine Hand gehalten und erst dann, als er sah, dass ich außer Gefahr war, sein Bewusstsein verloren. Mein Held. Ein echter Gentleman. Als er wieder zu sich kam, sprach er lange nicht über die Katastrophe. Zu nahe war er dem Tod ausgeliefert. Im Krankenhaus Rechts der Isar in München pflegte man uns vom 27.11.1961 bis zum 13.1.1962 gesund. In dieser Zeit erinnerte ich mich oft schmerzhaft an Koos, der mit seiner Maschine in Afrika abgestürzt und dabei ums Leben gekommen war. Waren seine letzten Gedanken ähnlich den meinigen gewesen? Hatte er im Todeskampf an mich gedacht und zwar nur an mich? Verdient hatte ich es auf jeden Fall.

Am 14. August 1963 starb Cliff im Alter von nur 57 Jahren. Schon lange hatte ich ihm vergeben. Unwillkürlich musste ich an seine beiden Kinder, Nora und Walt, denken, die 1945 bzw. 1947 das Licht der Welt erblickt hatten. Sie taten mir leid. Cliff hatte schon früher an Magengeschwüren zu leiden. Während einer Operation am 23. Juli 1963 im Krankenhaus Cedars of Lebanon in Los Angeles entdeckten die Ärzte, dass er metastasierenden Magenkrebs hatte. Er erhielt viele Besuche am Bett von Film- und Theaterfreunden wie Marlon Brando, Lee und Paula Strasberg, Jean Renoir und seiner Frau, Dido, Elia Kazan, Harold Clurman, Shirley MacLaine und Danny Kaye. Renoir widmete seiner engen Freundschaft mit Odets sogar ein Kapitel seiner Autobiografie ‚My Life and My Films'.

In diesen schicksalsträchtigen Fünfziger- und Sechziger Jahren arbeitete ich hart. Drei Jahre nach der Geburt von Francesca, trat ich in der Live-BBC-Fernsehübertragung aus dem Chevrolet Tele-Theatre mit dem Stück ‚By Candlelight', das am 27. November und 1. Dezember 1949 gesendet wurde, auf. Das Chevrolet Tele-Theatre hatte es sich zur Aufgabe gemacht, Einzeldramen aufzuführen und live ins Fernsehen zu übertragen. Das war neu. Man musste sich nicht mehr ins Theater begeben, sondern konnte gemütlich mit der Familie vor dem Fernseher sitzen und gebannt der Aufführung folgen. Zahlreiche namhafte Film- und Theaterstars wurden von diesem neuen Massenmedium angelockt. Im selben Jahr hatte ich noch einen weiteren Fernsehauftritt in Amerika in dem Drama ‚Lost Child' des WPIX-Theatre.

Zu der Komödie ‚By Candlelight' überschlug sich Englands Presse förmlich. Immerhin war ein berühmter Hollywoodstar zurück in Europa: „Luise Rainer arrived at London Airport today to start rehearsals at Alexandra Palace of the television production of the comedy ‚By Candlelight'. She rejected the offer of an American television contract for the British production." Dies wurde nun meine bevorzugte Art der Arbeit: mit einem kleinen Kind und neuem Ehemann bedeuteten Proben und Live-Auftritte weniger anstrengende Vorbereitungen und mehr Zeit für die Familie. Aber nur, weil ich es so wollte.

John Swift schreibt in seinem Artikel ‚The Return of Luise Rainer', der am 25. November 1949 in der Radio Times erschien: „Mrs. Rainer is not new to the medium. She has been in five or six plays in American television, but invariably she has been cast to play dramatic parts. I am looking forward to because I am aware of the great future of television. In so many ways it is far more interesting – and more exacting – than the movies because you need real acting ability. The challenge is so much greater because once the play has begun you must go through with it."

In den 1950er- und 1960er Jahren boomte das Fernsehen. 1950 wurden in den USA über 7 Millionen Fernsehgeräte verkauft. Und bis Ende dieses Jahrzehntes fielen die Verkäufe nie unter die 5 Millionen-Grenze. Die Produzenten suchten nach Stars, um dem neuen Medium Legitimität und Ernsthaftigkeit zu verleihen. Für mich damit die Chance, von Millionen von Zuschauern gesehen zu werden. Von 1950 bis 1959 trat ich u.a. im BBC Sunday Night Theatre, im Lux Video Theatre, im Faith Baldwin Romance Theatre, aber auch in der Ed Sullivan Show oder in der Tonight Show mit Johnny Carsen auf.
Am 1. Mai 1956 brachte ich auch Francesca mit ins Studio. Zusammen bestritten wir dort den ‚Child Health Day' of the United Nations.

Aber auch im Radio war ich zu hören. Schon in den 1930er Jahren trat ich im amerikanischen Radio auf, um in Lesungen dramatische Ausschnitte aus meinen Filmen darzubieten, insbesondere die heute berühmte Telefonszene aus ‚The Great Ziegfeld'. Am 28. Dezember 1944 war ich im Radio in der Mystery-Detective-Serie ‚The Adventures of Ellery Queen‘ als Detektivin zu hören. Diese Serie lief von 1939 bis 1948. Jede Episode zeigte eine dramatische Folge, die gegen Ende den Zuhörern die Chance gab, das Verbrechen selber zu lösen. Auch in der Lincoln Highway Radio Show, eine beliebte Radio-Drama-Serie von 1940 bis 1942 in den USA, trat ich auf. Die Show wurde von NBC-Radio produziert, von Shinola Polish gesponsert und versammelte einige der größten Stars des Tages zu einem Samstagmorgen-Slot im Studio. Mein Terminplan war fast voller als jener noch zu Hollywood-Zeiten. Nach Theater und Film, war ich nun auch im Fernsehen und Radio ein gefeierter Star.

Und im Jahre 1952 erfüllte sich noch ein Herzenswunsch: ich wurde Theaterregisseurin in dem Stück ‚Biography‘ von S.N. Behrman. Ich führte Regie und spielte zugleich die Hauptrolle der Marion Froude, eine erfolgreiche Künstlerin, die sich daran macht, ihre Autobiographie zu schreiben. Richard Kurt, ein Magazin-Redakteur, er interessiert sich sehr für ihr Buch und möchte darin die Absurdität ihrer oberflächlichen, gewöhnlichen und zugleich unverantwortlich luxuriösen Lebensweise – gerade in den Zeiten der wirtschaftlichen Depression – aufdecken und anprangern. Denn ihr erster Geliebter, Leander Nolan, ein zukünftiger Senator, ist weniger begeistert von Marions Vorhaben und fürchtet dort schädliche und peinliche Enthüllungen vorzufinden, welche seinen Weg ins Weiße Haus gefährden könnten. Er ist nicht der Einzige, der gegen Marion Bedenken äußert und so muss diese ihre eigenen Werte und Loyalitäten zunächst gründlich hinterfragen, bevor sie sich entscheiden kann, ob sie ihre Autobiographie veröffentlichen will oder nicht. Und wieder geht es um Loyalität.

Wir spielten das Stück im Juni 1952 im Falmouth Playhouse in Coonamessett und im August im Olney Theatre in Olney, Maryland. Zum Broadway haben wir es leider nicht geschafft. Es waren harte Proben und es zerriss mich förmlich unter der Doppelbelastung als Regisseurin und Schauspielerin. Dennoch musste ich an meine Karriere denken. Ich war für meine kleine Familie eben dann nicht da, und wenn, gedankenverloren und abwesend. Meine kleine Francesca litt sehr. Denke ich. Aber es ging nun einmal nicht anders. Und auch

Robert war beruflich stark eingespannt. Francesca versuchte ich, wann immer es möglich war und wann immer ich es so wollte, überall mit hin zu nehmen. Manchmal gelang es, manchmal nicht. Ich spannte gute Freunde das eine oder andere Mal ein. Ich glaube, sie hasste mich zu dieser Zeit. Mit drei Jahren hatte sie mit mir Europa bereist. Ich legte ihr den Kontinent, den ich noch immer liebte und bis heute liebe, zu Füßen. Es sollte ihr an nichts mangeln. Sie kannte es, wenn Paparazzi auftauchten, sobald wir irgendwo auftauchten. Sie kannte es, dass ich dann natürlich posieren und in die Kameras und Fotoapparate lächeln und mit meinen hübschen Rehäuglein noch hilfloser und zerbrechlicher wirken musste, als das ohnehin schon der Fall war. Es war mein Image, das mich in der dominierenden Männerwelt überleben ließ.

In den Schweizer Alpen fand ich meine Liebe zum Bergsteigen und erklomm so nach und nach eine männliche Domäne, was mir teilweise sehr deutlich gezeigt wurde. In den Bergen begann mein neues Leben. In den Alpen waren Robert und ich wirklich frei, eins mit der Natur. Wir begannen das Klettern mit Hanfseilen, von denen wir wussten, dass sie einen schweren Sturz nicht aushalten würden. Aber gerade das machte es so einzigartig, so außergewöhnlich. Auch hier war ich als Frau gefordert. Natürlich versuchten wir, alles auf ein Restrisiko zu minimieren, was ich allein schon mir schuldig war. Wir waren keine hirnlosen Abenteurer, sondern sanfte Herausforderer.

Aber wie schon im Kunststudium, überhaupt bei allem, was ich tat, machte ich mein Ding. Es war mir egal, was die anderen über mich dachten. Es hat mit Feminismus auch nichts zu tun. Ich war eben so. Ich wollte in meinem ganzen Leben nie die Rolle als Pflegende und Aufopfernde spielen, die nicht für ihre Sache, sondern immer nur für andere zu leben hatte. Ich lebte und brannte immer für meine Sache, sei es die Schauspielerei, die Malerei oder nun die Bergsteigerei. Ich lehnte es zeitlebens ab, den Zeitgenossen zu folgen, die meinten, eine Frau gäbe sich hin, sie schöpfe und erfinde nicht. Blödsinn! Ich bewunderte all die kühnen Bergsteigerinnen dieser Zeit, die, anders als Robert und ich, Extremkletterinnen und sehr kreativ darin waren. Allen voran Sonia Livanos, die mit ihrem Mann Georges in den 60er und 70er Jahren viele schwierige Klettertouren meisterte. Es war ihr Bedürfnis und Ziel, Berge zu besteigen. Und das wollte ich nun auch. Zwar weniger ehrgeizig, aber dennoch bestimmt. Robert und ich benutzten Bohrhaken und Haken nicht zur Fortbewegung, sondern zur Sicherung. Dieses sogenannte Rotpunkt-Klettern, das auf Kurt Albert zurückgeht, der im Frankenjura freigekletterte Routen mit einem roten Punkt markiert hatte, war ab 1976 in Deutschland und in der Schweiz in Mode gekommen. Teilweise kletterten wir auf den Spuren der Pioniere des 19. Jahrhunderts.

Es sind die klassischen Touren, meist im zweiten bis dritten Schwierigkeitsgrad, wo noch viel gelaufen wird, die Hände meist nur zum Halt des Gleichgewichts nötig und ernsthafte Kletterpassagen relativ selten sind. Es handelt sich um die Normalanstiege auf die höchsten, ästhetisch reizvollen, spektakulär anzuschauenden Gipfel vor allem der Zentralalpen: Matterhorn, Mont Blanc, Piz Palü, Großglockner, Watzmann, Jungfrau, Piz Buin, Wildspitze. Als wir das Matterhorn später bestiegen, hatte Robert eine Geige dabei. Als wir oben ankamen, spielte er mir eine Bach-Sonate. Es war very touching. Uns reichten dazu Seil, Pickel und Steigeisen, ganz selten Bohrhaken. Wir kletterten meist in möglichst direkter Linie zum Berggipfel, benutzten manchmal Routen, wenn es uns herausforderte, die weitgehend im Urzustand erhalten waren, und höchstens einige der älteren Haken früherer Begeher aufwiesen, die teilweise vor Jahrzehnten geschlagen worden sind und deren Zuverlässigkeit höchst ungewiss war.

Wir beschritten aber von Zeit zu Zeit auch maßvoll sanierte Routen, d.h. klassische Routen, in denen an den wichtigsten Stand- und Sicherungsplätzen absolut zuverlässige Bohrhaken gesetzt worden sind – von alpinen Experten natürlich. Schließlich gab es noch sogenannte Plaisier-Routen, also Anstiege, in denen in kurzen Abständen Bohrhaken auch für Zwischensicherungen vorhanden sind, brüchiges Gestein oder Pflanzenbewuchs entfernt worden ist. Klettern für Senioren, haben Robert und ich immer zu diesen Routen scherzhaft gesagt. Wir waren aber immer verantwortungsbewusst bei allem, was wir taten. Nicht nur als Ehefrau, sondern auch als Mutter. Das Bergsteigen und das Verlangen in der Natur zu sein, nahmen für uns immer größere Ausmaße an.

Anfang 1952 lernte ich Mary Crist Fleming, die Gründerin der American School in Switzerland, in Capitignano kennen. Italien wurde in den Fünfziger Jahren für Robert und mich zu einer Art neuen Heimat. Vor allem Rom begeisterte uns sehr. Robert und ich kultivierten unser gemeinsames Hobby des Bergsteigens. Auf einer Party wurden wir eines Tages Mary vorgestellt, die mir sofort sehr sympathisch war. Wir wurden gute Freunde und das für immer. Sie war eine Frau, die ihre Visionen und Ziele hatte und diese auch gegen den Willen ihrer Mitmenschen durchsetzte. Ich nannte sie vor aller Welt einfach nur my darling Cris. Sie hatte ein großes Herz. Sie trug immer ein schwarzes Kleid. Selbst an ihrem 80. Geburtstag hatte sie provokativ einen ihrer Spaghettiträger lasziv heruntergezogen. Mary war auch Jahrgang 1910, ebenso wie ich.

Während des Zweiten Weltkrieges war uns Amerikanern, und seit 1938 fühlte ich mich mit meiner Einbürgerungsurkunde als eine von ihnen, die Reise nach Übersee verboten. Europa wurde ein Traum, der nun fast zu vergessen drohte. Mary ging es ebenso. Ihr Mann und sie kauften in dieser Zeit eine Farm in Lansdale, Pennsylvania, die sie liebevoll The Frog Hollow Farm nannten, ein 100 Jahre altes Gebäude aus der Kolonialzeit mit dicken Mauern, die im Sommer kühlten und im Winter wärmten. Das Paar lebte dort in den letzten beiden Jahren des Krieges. Eine von Marys guten Freunden, Nina Berkley, besuchte die Beiden und meinte irgendwann, sie sollten sich doch einmal in aller Ruhe überlegen, ob sie nicht eine Art Summer Camp für kleine Kinder dort errichten wollten. Hart arbeitende Eltern, die auch während der heißen Sommermonate in New York schuften mussten und ihre Kinder kaum oder gar nicht beaufsichtigen konnten, hätten großes Interesse daran, ihre Kinder aus der Stadt aufs Land in wohlbehütete, zeitlich befristete, Verhältnisse zu geben.

Das Camp wurde extrem erfolgreich. Die Kinder lernten dort z.B. schwimmen, reiten; sie spielten Tennis und vieles andere mehr. Es kamen Kinder von Arlene Frances, Milton Berle und anderen TV-Persönlichkeiten. Francesca war 6 Jahre alt, als ich sie in Mary's Obhut gab. Schnell hatten Mary und ihr Mann 50 Kinder aus New York zusammen, die mit dem Zug anreisten. Ich wusste, dass Mary und ihr Mann Leute von ehrlicher Gesinnung und exzellenter pädagogischer Schulung waren und mit den Kindern gut umzugehen wussten. Also gab ich Francesca dort ab und kümmerte mich um mein Fortkommen, pflegte meine Interessen und Hobbys, was jeder an meiner Stelle auch tun würde.

Francesca spielte sehr gerne mit den anderen Kindern dort, auch mit Marys Kids Gai, Thomas und Lynn, die zwischen 1941 und 1946 geboren worden waren. Sie passten gut zusammen und ergänzten einander. Sie haben sich sogar später noch geschrieben, schon im Winter 1952/53. Lynn hatte ihr eine kleine Karte geschickt; auf der Vorderseite stand ‚Children's New Year's House Party at Frog Hollow – Dec. 26 till Jan. 2th'. Darunter waren die Aktivitäten aufgelistet und mit Weihnachtsdekorationen verziert. Um die Kinder bei Laune zu halten, galt folgendes Motto: „Why not make this the best Christmas present of all? We're turning the house upside down to give the youngsters a gala country holiday. A week of sledding, skating, singing, farm breakfasts, movies at the farmhouse: ‚Silver Skates' and ‚Wildfire, a story of a horse' in Technicolor, popping corn in the big fireplace, Christmas cookies and cakes, Indoor Circus at the Academy of Music, Mary with her Jingle Bells! – Fee for House Party is $ 50 and includes transportation to and from New York and Washington."

Mit den Jahren kommt sicherlich ein Schuss Altersweisheit dazu, wobei man durchaus auch Fehler einräumt. „Der Mensch irrt, solange er strebt", stammt, glaube ich, aus Goethes Faust. Wie wahr.
Mary und ihr Mann, aber auch die guten Freunde und Bekannte, die ich mit in die Erziehung unserer Tochter notgedrungen eingeflochten hatte, kaschierten nur die Tatsache, dass ich in dieser für Francesca wichtigen Zeit für sie als Mutter nicht wirklich da war. Aber ich hatte keine andere Wahl. Ich und die Welt sollten ihr Zuhause sein, so wollte ich es und so setzte ich es auch durch, und nicht Maienfeld. Ich träume noch heute manchmal davon, wie Francesca, die Kleine, zu mir ins Bett kommt, total verheult, zitternd am ganzen Körper, und schluchzt: „Ich hab's mit Oma und Opa verbockt. Du tatest gut daran, mich von ihnen zu lösen. Dennoch vermisse ich sie sehr."
Ich log: Der größte Luxus besteht darin, vermisst zu werden.

Ich weiß nicht, ob sie mich da verstand. Zumindest handelte sie so.

Dabei wollte ich Francesca nur gut aufs Leben vorbereiten. Wir schickten sie auf die besten Schulen der Welt. Sie besuchte die Spence School in New York City, eine Privatschule für Mädchen im Alter zwischen 5 und 18 Jahren, die Royal Ballet School in London, eine der führenden Ballettschulen weltweit, das French Lycée in London, um ihr Französisch aufzubessern – in 1963 schloss sie ihr Bac, analog dem Abitur, ab – und das Queen's College in Westminster, natürlich wieder eine exklusive Privatschule für Mädchen im Alter zwischen 11 und 18 Jahren. Dort lernte sie von 1965 bis 1967 und schloss mit dem Bac für Internationale Geschäfte ab. Von 1968 bis 1970 studierte sie Kunstgeschichte an der Universität von Brera und schloss mit dem Bachelor ab. Danach war Francesca Direktorin in der Mailänder Galeria Del Levante vom September 1973 bis 1979. Neben Französisch spricht Francesca heute fließend Italienisch, Deutsch und Spanisch.

Im Alter von 13 Jahren schrieb sie ihren ersten Artikel ‚The Horror of Bullfighting', der vom Queen Magazine, einem der führenden Verlage Englands, veröffentlicht wurde. Ich war nicht sehr begeistert. Robert hingegen war es. Er, der Verleger. Francesca und ich sprachen in dieser Zeit viel über ihre berufliche Zukunft. Sie versuchte sich als Ballerina. Ich war dagegen, da ich selbst an dieser Herausforderung gescheitert war und wusste, dass man in diesem Knochenjob nicht lange würde erfolgreich tanzen und gutes Geld verdienen könnnen. Ein mögliches Versagen wollte ich ihr einfach nur ersparen. Dennoch ließen wir sie von 1954 bis 1960 auf die Royal Ballet School gehen. Sie sollte es selber merken, dass ich mit meinen Warnungen recht hatte. Doch sie biss sich durch, wie so oft, um mir zu beweisen, dass ich wieder einmal Unrecht gehabt hatte. Sie versuchte sich als Schriftstellerin. Ich war dagegen, da ich bei Robert alltäglich sah, wie schwer es angehende, talentierte Autoren auf dem umkämpften Literaturmarkt hatten. Zudem hatte ich mit Brecht, Hemingway und Remarque erleben müssen, wie zu viel Alkohol selbst auch die härtesten Mitstreiter auf diesem Gebiet kaputt macht. Ich weiß noch, dass ich meiner Haushälterin immer den Auftrag gab, sämtliche Cognacflaschen im Garten zu verstecken, wenn sich Brecht die Ehre gab, uns zu besuchen. Der Dramatiker sollte sie nicht finden und leeren.

Ach, dieser Brecht. Im Frühjahr 1939 hatte er ein US-Einreisevisum beantragt. Er wartete ein Jahr. 1940 sandten er und Margaret Steffin zahlreiche Telegramme von Stockholm und Helsinki nach New York. Dann endlich der ersehnte Brief: die New School for Social Research lud ihn ein, um eine Dozentenstelle für Literatur dort anzutreten. Hanns Eisler und Erwin Piscator waren bereits auf ein Betreiben des Schuldirektors Alvin Johnson nach New York gekommen. Insgesamt hatte die Universität über 180 vor den Nationalsozialisten ins Exil geflohenen Emigranten in Arbeit gebracht. Nun also auch Brecht? Am 17. April 1940 flohen er, seine Frau Helene, ihre beiden Kinder und Margaret Steffin über die Ostsee nach Finnland. Dann der Überfall der Wehrmacht auf Dänemark und Norwegen. In Helsinki saß Brecht fest. Der amerikanische Konsul stellte ständig neue Bedingungen, um Brechts Abreise zur New School zu verzögern. Im Mai 1941 erhielt er endlich ein reguläres Visum. Unter der kleinen Armee von Freunden, die der Brecht-Gruppe mit Geld und Garantien zur Seite standen, waren Lion Feuchtwanger, Elisabeth Hauptmann, William Dieterle und ich.

Ich schätzte seine Poesie schon Anfang der 1930er Jahre sehr. Wie ich später von Clifford erfahren habe, sah Brecht auch zwei Theateraufführungen von ihm. ‚Waiting for Lefty' im Dezember 1935 im Madison Square Garden und ‚Paradise Lost'. Ich glaube, beide Stücke haben ihm nicht sehr gefallen. Na ja. Als er mich schließlich schriftlich darum bat, eine Bürgschaft für ihn zu unterschreiben, tat ich das, obwohl ich ihn bis dato noch nie persönlich gesprochen hatte. Es war eine einfache Sache für mich. Verstehen Sie mich bitte nicht falsch: ich habe Brecht nicht geholfen, Nazi-Deutschland zu verlassen. Er war bereits mehrere Jahre im Exil gewesen, bevor ich seinen Affidavit, die Bürgschaft zur Einwanderung, unterzeichnete. Am 21. Juli 1941 kam er in Amerika an. Er blieb 6 Jahre. Irgendwann im Verlaufe des Jahres 1942 zog er mit seiner Familie in ein Haus in Santa Monica, ganz in meiner Nähe, und so trafen wir uns dann zum ersten Mal persönlich.

An einem denkwürdigen Spätsommernachmittag des Jahres 1943

gingen wir gemeinsam am Strand spazieren. Irgendwann fragte er mich, ob ich nicht eine Idee für ein Stück für mich hätte. Ich sagte: Jede Schauspielerin träumt davon, die Johanna von Orléans zu spielen. Die Heilige Johanna der Schlachthöfe haben Sie ja schon geschrieben. Doch es gibt ein Stück, das mich tief beeindruckt hat: Klabunds ‚Kreidekreis'. Er riss die Arme hoch und sagte: Ich habe Klabund diese Geschichte damals gegeben. Aber ich werde jetzt meine Version schreiben.

Ich war beeindruckt, besonders, nachdem er mir gesagt hatte, er werde den ‚Kaukasischen Kreidekreis' nur für mich schreiben. Ich suchte also einen Produzenten, der Brecht auf seine Gehaltsliste nehmen würde, solange dieser das Drehbuch verfasste, und ich fand ihn in Jules J. Leventhal. Leventhal kannte und schätzte mich sehr. Er brachte einen zweiten wichtigen Produzenten mit ins Spiel: Robert Reud. Ich sagte zu Jules: Schau, der Mann hat kein Geld. Ich möchte, dass du ihn bezahlst, während ich weg bin, weil er dieses Stück für den Broadway schreiben wird. Der Produzent sagte zu, gab Brecht 800 Dollar Vorschuss, Anfang Februar 1944 unterschrieben er, Brecht und Reud einen Vertrag über das Stück, und ich ging nach Nordafrika, um in USO-Campshows die Truppen zu unterhalten.

Als ich nach 4 oder 5 Monaten zurück nach New York kam, sagte der arme Leventhal aufgeregt zu mir: Frau Rainer, Frau Rainer, ich weiß nicht, was ich tun soll. Ich bezahlte diesen Brecht jede Woche, und ich sah bislang noch nicht eine einzige Seite von dem, was er schrieb. Also rief ich Brecht an und sagte: Ich muss sehen, was du geschrieben hast. Er schickte mir nur zwei Doppelseiten. Er rief mich ein oder zwei Tage später an und meinte: „Was denken Sie?" Ich antwortete: „Was meinen Sie wohl, was ich denke? Ich denke, das ist nichts, denn das, was Sie mir geschickt haben, ist nichts!"

Er war natürlich sehr verblüfft und sagte: „Warum, Miss Rainer, denken Sie so über mich? Vielleicht sollten wir darüber reden."
Was gab es da noch zu reden? Dieser Brecht hatte die zahlreichen Gehaltsschecks gerne genommen und dem gutmütigen Produzenten immer wieder glaubhaft versichert, dass alles in Ordnung sei und er gut im

Text vorankäme.
Er werde, so versicherte er ihm, das Stück direkt an mich schicken. Wir glaubten ihm noch immer. Also arrangierte ich ein Treffen mit diesem Brecht in dessen Wohnung, die ihm mein guter Freund, ein dänischer Botschafter, dankenswerterweise zur Verfügung gestellt hatte.

Wie auch immer, ich kam in diese Wohnung und es war wie eine französische Komödie. Ich weiß nicht, wie viele Türen dort waren, aber es schien mir, als ich ankam, aus jeder Tür floh eine Dame! Ich dachte, er wäre völlig verrückt. Er sagte: „Sie mögen mich nicht, stimmt's? Und deshalb ist Ihnen die Rolle der Katja, die ich extra für Sie schrieb, auch zuwider." Er war wirklich wie eine Spinne, etwas, das ich nicht anfassen wollte. Doch das sagte ich ihm natürlich nicht, obwohl ich so aufgekratzt war, dass ich es nur mit größter Mühe herunterschlucken konnte. Er sah mich herausfordernd an: Elisabeth Bergner, die noch immer sehr berühmte Schauspielerin, im Gegensatz zu Ihnen, würde mir dafür auf den Knien liegen, um die Rolle der Katja spielen zu dürfen. Und ich sagte: „Brecht, ich werde nicht vor Ihnen auf die Knie gehen und nichts mehr für Sie tun. Ich will nicht dabei sein. Lassen Sie mich los aus Ihrem Leben, über das Sie ständig jammern: die Sommerhitze, die Sie plagt, das anständige Brot, das nicht zu haben ist, die Schnellgerichte aus dem Drugstore, die Sie hassen, die ständige Geldnot, die Sie lähmt, Ihr kläglicher Name, den hier in Amerika kaum jemand kennt, Ihr als pervers bezeichneter Kapitalismus, den ein bekennender Kommunist wie Sie natürlich immer verurteilt und Ihre europäische Auffassung von Humor und Ironie, die die Amerikaner nicht verstehen! Ich kann nicht mehr. Sie sind vom Broadway so zerfressen, weil sie diese albernen Stücke dort niemals aufführen werden. Und das wissen Sie im Inneren Ihres Herzens auch zu genau. Sie müssen sich mal entscheiden: entweder Kommerz oder Kommunismus. Hinterfragen Sie Ihr Leben lieber und machen nicht immer die anderen für Ihr Versagen verantwortlich. Wie unverfroren, arrogant, egoistisch, rau und unverschämt gehen Sie mit den Leuten um, auch mit mir! Schnell haben sich die Leute von Ihnen abgewandt und eine Zusammenarbeit schon früh gekündigt. Auch für mich war's das jetzt. I don't want to be in it."
Brecht brüllte: „Wissen Sie, wer ich bin?"

Ich antwortete ruhig: „Ja, Sie sind Bertolt Brecht. Und wissen Sie, wer ich bin?"
Darauf Brecht mit einem schrägen Lächeln: „Ja, Sie sind nichts. Nichts, sage ich!"

Ich habe diesen Brecht nicht wieder gesehen. Im Juni 1944 schickte er mir einen ersten Entwurf des ‚Kaukasischen Kreidekreis', was mich nicht sonderlich beeindruckte, sondern eher anekelte. Ich habe das Manuskript nicht gelesen. Ungeachtet dessen, dass ich zwar nur zwei Seiten des Stückes je zu Gesicht bekommen hatte, arbeitete Brecht wohl nun unter Hochdruck unter Mitarbeit von Ruth Berlau an dem Text. Der ‚Kaukasische Kreidekreis' wurde von Brecht im Juni 1945 fertig gestellt. Es war ein grässliches Stück, wie ich von Bekannten später hörte.

Die Rolle der Katja im Original war viel nicer als die spätere Rolle der einfachen Magd Grusha, die ich ja spielen sollte. Brecht hatte aus Katja eine alte, zahnlose hünenhafte Frauengestalt gemacht, die jener Tollen Grete des bekannten niederländischen Malers Pieter Bruegel der Ältere sehr ähnelte. A beast of burden! Ein Affront gegen mich! Katja wäre für das amerikanische Publikum viel wirkungsvoller gewesen. Und auch die Rolle des einfachen Dorfschreibers Azdak, die er mit Oskar Homolka zusammen erfand, war dazu erfunden worden und nicht so wirklich sinnvoll. Ich weiß nur noch, dass Brecht im Zuge der hysterisch anmutenden antikommunistischen Hexenjagd nach Beendigung des Zweiten Weltkrieges ein Flugzeug nach Paris bestieg, während ihm seine Familie auf dem Seeweg folgte. Dieser Brecht! Nennen Sie mich stur, vielleicht sogar liebenswert. Eine typische Steinbock-Frau eben, genauso wie u.a. Marlene Dietrich, Hildegard Knef, Jane Fonda oder Christine Kaufmann.

Doch zurück zu Francesca. Durch Robert lernte sie zahlreiche berühmte Autoren kennen, zum Beispiel Sidney Sheldon, Ian Fleming oder Alexander Solschenizyn, die ihre Leidenschaft fürs Schreiben erkannten und befeuerten. Ich versuchte verzweifelt zu löschen, wann immer ich Gelegenheit dazu bei ihr fand. Doch es half nichts. Das Schreiben wurde ihre Bestimmung. Und seit 2010, passend zu meinem

100. Geburtstag, ist sie selbstständige Journalistin und Autorin von Lyrik und Prosa, soweit ich informiert bin.

Sie versuchte sich, und da war sie sehr selbstbewusst und fast schon so wie ich früher, als Schauspielerin. Sie drehte, glaube ich, sogar ein paar Filmchen. Natürlich war mein Widerstand hier am allergrößten. Als Francesca die Rolle der Miranda in Shakespears ‚The Tempest' spielte, war ich entsetzt. Ich rief recht empört: „Why do you have to be in my profession?" Sie schrie ebenso laut mich an: „The critics from the Repertoire Theatre were owerwhelming! Read it, Mum! And don't be so silly!" 1982 spielte sie in dem Film ‚Dan's Motel' mit.
Immerhin hatte ich am eigenen Leibe erfahren müssen, wie destruktiv und egozentrisch die Schauspielerei war, die ich dennoch sehr liebte, da sie mir erlaubte, mehr über die menschliche Psyche, mehr von Ländern, Sitten und Gebräuchen zu erfahren.

Ich musste sie doch vor drohendem Unheil bewahren. Sie war doch mein Ein und Alles und ist es noch heute. Sie stand und steht repräsentativ für die Kinder, gegen die ich mich als junge Frau entschieden hatte, sei es aus Egoismus, Naivität oder Bequemlichkeit.
Ja, ich war sehr dominant und plante ihr Leben ohne sie so, wie ich es mir vorstellte und erträumte. Sie verschloss sich mir gegenüber immer mehr und besprach immer öfter mit Robert ihre berufliche und private Zukunft. Er war es auch, der als erster davon erfuhr, dass Francesca einen Job bei Harper's Bazaar in London als Assistentin von Shirley Lord, der Redakteurin im Bereich Beauty and Fashion, angenommen hatte. Dort arbeitete sie von Februar bis Dezember 1965. Später ging sie nach Mailand, um dort als erfolgreiche Kunstkäuferin bei Young and Rubicam, eine der größten Werbeagenturen der Welt, zu arbeiten. Sie war dort im Bereich art buying and coordination of ad campaigns von Januar 1966 bis November 1968 beschäftigt.

Ja, meine Kleine. Allein durch mich ist sie heute eine unabhängige, starke Persönlichkeit und hat zwei wunderbare Töchter, Nicole und Luisa. Ebenso wie ich, ist Francesca zum zweiten Mal verheiratet. Aus der ersten Ehe mit Signore Norsa, die nach fünf Jahren, also 1973, geschieden wurde, ging Luisa Cristina Norsa hervor. Sie wurde am 7. September 1969 geboren. Da war ihre Mutter gerade mal 23 Jahre alt. Von James Bowyer, Ehemann Nr. 2, stammt Nicole Lovie Bowyer, die am 1. Juli 1979 das Licht der Welt erblickte. Auch diese Ehe wurde nach 13 Jahren, im Jahre 1990, geschieden. Jim spielte übrigens auch in ‚Dan's Motel' mit. Meine kleine Francesca hatte einfach Pech mit diesen Männern. Vielleicht waren sie ihr auch nicht gewachsen. So wie Robert mir nicht gewachsen war. Leider erkannte sie nicht das Potential, die Möglichkeit, sich mit ihm zu messen. Das hätte ich besser gemacht. Aber ich habe mich da nie eingemischt. Ich denke, als Single ist sie heute besser dran. Aber, wer weiß? Vielleicht schlägt Amors Pfeil noch einmal ein. Ich war mit Ehemann Nr. 2 bis zu dessen Tod am 15. Juni 1989 glücklich verheiratet. Immerhin stolze 44 Jahre. Ich hätte nie gedacht, dass Robert mir so lange verbunden und ergeben bleiben würde. Er tat es nur, weil ich es so wollte, weil ich es so arrangiert hatte.

Francesca sagte mir so vor Kurzem, dass sie happy war, Teil meiner Welt geworden zu sein. Dass sie aber unter meinen ständigen kritischen Blicken und Bemerkungen sehr gelitten habe und immer das Gefühl hatte, nicht gut genug für mich gewesen zu sein. Erst sehr viel später begriff sie, und das sagte sie mir erst kürzlich bei einem Telefonat, dass sie es dennoch die ganze Zeit war und dass nur ihr manchmal derber Humor sie bei mir so lange überleben ließ. Sie schreibt: „Everything my mother did was laced with drama and salted with difficulties. In my life, she was a tornado, a roller-coaster ride, a whirling windstorm. My father, with his strong sense of self, was able to weather my mother's moods and tirades with silent calm. I grew up buffeted between the stormy sea that was my mother and the safe pasture that was my father."

Möchten Sie noch ein Glas Champagner, mein lieber Freund? Bedienen Sie sich bitte.
Im Herbst 1958 war ich wieder in Rom. Auf Initiative des Teatro Quirino hatte man mich, aber auch zahlreiche andere bekannte Schauspieler eingeladen, zu Ehren der italienischen Schauspielerin Eleonora Duse an deren Feierlichkeiten zu ihrem 100. Geburtstag teilzunehmen. Die Duse zählte zu den ganz großen Theaterschauspielerinnen ihrer Zeit.

Sie war 1858 in der Lombardei geboren worden, und so waren für ihren Geburtstag alle gekommen, die Rang und Namen hatten. Nie werde ich den Auftritt der großen, über 80-jährigen Emma Gramatica vergessen, die minutenlanges Standing Ovation von uns allen erhielt. Es wurde aus der Biographie der Duse rezitiert, Olga Signorelli las Passagen aus den Briefen, Vittorio Gassman gab aus dem Repertoire der Schauspielerin etwas zum Besten, zum Beispiel aus Zolas Roman ‚Teresa Raquin'. Ich spielte die Hauptrolle in der letzten Szene aus Ibsens ‚Nora oder ein Puppenheim', die Lieblingsrolle der Duse. Alles wurde von dem genialen Theaterregisseur Luchino Visconti hinreißend und mit großer Demut in Szene gesetzt. Nur zwei Schauspielerinnen waren aus irgendeinem obskuren Grund sichtlich genervt. Solange der Schauspieler lebt, lebt auch das Theater. Den Abend über schwebte der leichte süßliche Duft der Vergänglichkeit über unseren Köpfen hinweg.

Dort traf ich Fellini, den großen italienischen Starregisseur, zum ersten Mal. Er war sehr von mir angetan, nicht von mir als Frau, sondern als Persönlichkeit, als Schauspielerin. Nach den Feierlichkeiten zeigte er mir sein Rom, wie er es immer stolz betonte. Auch gab er mir eine private Vorführung seines Films ‚Nights of Cabiria', den er ein Jahr zuvor gedreht und in dem seine Frau Giulietta Masina die römische Prostituierte Maria Ceccarelli, kurz Cabiria, gespielt hatte. Nach dieser Vorführung hatte er plötzlich die Idee, mir eine Rolle in einem seiner nächsten Filme zu schreiben. Wenige Monate später, es war um die Weihnachtszeit, schrieb er mir, dass er mir ein Drehbuch zusenden wolle, was er auch tat. Es war ein großartiges Drehbuch, also ein Stück, das er später ‚La Dolce Vita' nannte und verfilmte. Allerdings missfiel mir die Art und Weise, wie Fellini das Stück arrangiert hatte. Hier mal was gehört, dort mal was gelesen und schon war's in seiner Geschichte. Manchmal hatte er seine Dialoge noch gar nicht zu Ende geschrieben und seine Schauspieler mussten es bereits spielen.

Ich schrieb ihm zurück: Ich muss mehr über den Film, und die Geschichte, den Plot und die anderen Charaktere wissen, bevor ich mich entscheide.
Fellini war etwas bestürzt. Noch nie hatte er Details mit Leuten be-

sprochen, die noch nicht unter Vertrag standen. Und ich stand noch nicht unter Vertrag. Er wollte nicht unhöflich sein und zögerte seine Antwort immer wieder hinaus. Doch je mehr er schwieg, desto mehr bedrängte ich ihn, mir eine Kopie des Drehbuchs nach New York zu schicken, damit ich es schon einmal studieren konnte. Immerhin sollte im März 1959 mit den Dreharbeiten begonnen werden. Das Casting war schon in vollem Gange: Marcello Mastroianni war bereits in der Rolle des Paparazzi Marcello Rubini gesetzt, ebenso Anita Ekberg als Sylvia und Lex Barker. Henry Fonda, Paul Newman und Maurice Chevalier lasen auch schon das Drehbuch, konnten aber nicht oder nicht mehr besetzt werden.

Kurz darauf telegrafierte er zurück: „Du kennst die Italiener. Ich brauche dein poetisches Gesicht." Er hat mich in dieser Zeit mit Telegrammen bombardiert. Einen ganzen Stapel voll.
Als ich wieder in Rom war, schickte er mir ein Telegramm mit dem netten Wortlaut: „Ich lade dich zum Mittagessen nach Rom ein. Ich zahle auch deine Rundreise."
Ich flog im Mai 1959 hin, wir trafen uns in seinem Cinecitta-Büro und Fellini sagte: „Luisa, ich möchte, dass du deine eigene Szene schreibst."
Und ich tat es. Als der Text fertig war, kabelte ich: Es sollte in deinem Skript eine Frau geben, die sagt: ‚Schau, wenn du Schriftsteller werden willst, warum schreibst du nicht, anstatt ständig herumzuhuren?' Das war die Essenz der Szene, die ich für die Rolle der Dolores, die ich verkörpern sollte, geschrieben hatte. Es war eine sehr poetische und schöne Szene.

Fellini reagierte mit Plattitüden und sagte mir, dass meine Beteiligung dem Film eine wunderbare Leuchtkraft verleihen werde. Er versicherte mir, dass alles gut gehen werde.
Jedes Mal, wenn ich Fellini fragte: „Federico, wann wirst du denn meine Szene drehen?", sagte er: „Sehr bald, aber zuerst muss ich noch diese Szene hier und jene Szene dort machen." Er war sehr sporadisch und sprunghaft. Das war nichts für mich.
Eines Tages im Juli 1959 sagte er auf einmal zu mir: „Luisa, ich suche nach einem geeigneten Ort für meine nächste Szene. Komm mit mir."

Wir fuhren raus aufs Land, es war furchtbar heiß. Er hat immer diese komischen Orte irgendwo. Ich weiß nicht mehr, wie viele Autos mit uns raus fuhren. Es war wie ein Trauerzug. Unterwegs fragte ich ihn dann: „Also, wann machen wir meine Szene?“
Er antwortete: „Wir machen deine Szene, aber anders, als du sie geschrieben hast. Deine Rolle als Dolores ist schmutzig und hasserfüllt angelegt. Und es bleibt dabei. Ich will es so. Marcello wird auch Dolores ficken, wie die anderen Frauen!“

Ich schrie ihn an: „Vergiss es!“ Zur Hölle mit ihm. Warum wollte er alles immer so direkt und plakativ haben? Meine Szene, so, wie ich sie geschrieben hatte, wäre viel wirkungsvoller fürs Publikum gewesen, als seine dreckige Bettszene. Doch wir beiden wollten nicht nachgeben und dem anderen gegenüber das Gesicht verlieren, er, der umjubelte Starregisseur, ich, die berühmte zweifache Oscar-Preisträgerin.
Ich hatte ja bereits die Rolle der Dolores in den Charakter einer Muse verwandelt, die Marcello hilft, sein Buch zu schreiben. Damit war ich ihm schon sehr weit entgegengekommen. Er beharrte auf die intime Affäre, die Marcello und eine ältere Frau, ich, miteinander haben sollten. Das konnte ich vor mir und moralisch nicht vertreten. Also musste ich handeln, wie so oft schon.

Warum er ausgerechnet mich als älteste Schauspielerin unter all den jungen Gören am Set haben wollte, ist klar: er wollte die Beste! Die anderen Küken sollten von mir lernen. Die Ekberg war 21 Jahre jünger als ich. Natürlich zählte da viel, wenn man bedenkt, dass sie 1950 zu Miss Schweden gewählt worden war. Die Szene mit Mastroianni und ihr im Trevi-Brunnen wurde im Januar gedreht. Mastroianni hatte sich vorher mit Wodka betrunken, bevor er sich ins eiskalte Brunnenwasser traute! Anouk Aimée war sogar 22 Jahre und Yvonne Furneaux immerhin noch 16 Jahre jünger, als sie für ‚La Dolce Vita‘ unterschrieben. Ich fühlte mich schon während des Castings und der PR-Auftritte sehr unwohl.

Fellini strich daraufhin meine Rolle. Ich war anfangs natürlich sehr wütend. Immerhin hatte ich viel Zeit und Energie investiert. Heute denke ich, dass ich zu unverblümt und zu enthusiastisch gegenüber Fellini aufgetreten bin. Wissen Sie, wenn man 20 Jahre alt ist, dann drehen sich die Männer nach dir um. Du genießt es, wenn du einen Raum betrittst und alle Augen auf dir ruhen. Mit 30 Jahren fühlst du dich noch immer schön. Zudem kommt dann eine Aura der Erfahrung hinzu, die du vorher glaubtest, nicht zu haben. Mit 40 Jahren fühlst du dich immer noch schön und begehrenswert, allerdings bist du plötzlich, und du spürst es sehr einschneidend, für die Männer unsichtbar. Keiner reagiert mehr, wie er 20 Jahre zuvor reagiert hätte.

Du versuchst, diese Unsichtbarkeit mit Sarkasmuss als auch derben Sprüchen und überzogener Komik zu durchbrechen. Aber das wirkt nur albern und lächerlich. Nur weißt du das noch nicht. Die Männer wenden sich von dir ab. Die Frauen ebenso. Du fühlst dich unter den jungen Damen wie ein Fremdkörper, wie ein Mensch von einem anderen Stern. Sie sind noch mit ihrer Karriere beschäftigt und biedern sich überall an. Und du denkst: Habe ich das mit 20 auch getan? Muss bzw. kann ich das mit fast 50 Jahren auch noch – mit einem pubertierenden Teenager? Oder ist deine Karriere hier und jetzt schon deshalb beendet?

Mit 50 musst du als Schauspielerin um das nackte Überleben kämpfen. Es gibt im Showbiz keine Rollen für ältere Frauen, sondern nur für junge Stars, die oft bloß als hübsche Dekoration dienen. Frauen werden mehr als doppelt so oft nackt gezeigt, dafür so gut wie nie für Führungspositionen besetzt. Bei der Besetzung von Liebespaaren ist ein Altersunterschied von rund 20 Jahren keine Seltenheit. Als der Film ‚Casablanca' 1942 gedreht wurde, war Humphrey Bogart 42 Jahre alt, Ingrid Bergmann erst 26. Während der Dreharbeiten zu ‚Pretty Woman' (1989) war Richard Gere 40 Jahre alt, Julia Roberts, die ich großartig finde, and she does what she wants, gerade mal 22. In Woody Allens letztem Film ‚Magic in The Moonlight' spielen Colin Firth (53) und Emma Stone (25) ein Liebespaar. Von daher war Fellini ein Visionär. Er wollte mit meiner Besetzung der Dolores wohl ein deutliches Zeichen gegen den Trend setzen, wonach Frauen in meinem Alter nur noch Großmütter oder Hexen spielen dürfen. Heute bin ich doch da irgendwie schlauer.

Die Rolle der Dolores wäre nach 15 Jahren zweifellos ein großes Comeback für mich gewesen. Auch wenn Fellini mit dem Film einen Riesenerfolg gehabt hat – ich fand die Story richtig blödsinnig. Auch heute noch, im Nachhinein. Die getöteten Kinder, Anita Ekberg, die dort im Trevi-Brunnen steht und jault wie ein Hund – ich fand das alles übertrieben. – Als ich gerade in das Taxi zum Flughafen steigen wollte, kam Fellini mit einem riesengroßen Hut auf dem Kopf, ging vor mir auf die Knie und sagte: „Luisa, Luisa, Sie dürfen mich nicht verlassen!" Ich bin trotzdem nach England zurück.
Das war ich mir einfach schuldig,

Ich habe aus Hollywoodzeiten fast nichts mit nach Europa mitgenommen. Es hätte mich quasi nur belastet. Alles, was Sie hier sehen, stammt aus meiner Post-Film-Karriere, und wurde von Robert und mir auf unseren zahlreichen Reisen rund um den Globus ausgewählt und exklusiv zusammengetragen. Ich denke und da übertreibe ich sicherlich nicht, dass ich einen wirklich exzellenten Geschmack habe, was Möbel, Schmuck und Kunstwerke betrifft. Abgesehen von einigen Erinnerungsstücken, Auszeichnungen sowie Fotographien u.a., sammelte ich vor allem Werke anderer mir bekannter und verehrter Künstler, etwa Skulpturen von Georg Kolbe und Felix Weihs de Weldon, einige Gemälde und Skizzen von Domenico Gnoli, Robin Hazlewood, Emma Sergeant, Johann Fischbach und Jan van Kessel, aber auch religiöse Szenenbilder, besonders aus der russisch-orthodoxen Welt.

Ende der 50er-, Anfang der 60er Jahre zog ich mich, und Fellini hatte mir diese Entscheidung sehr leicht gemacht, aus dem Showbiz zurück. Zu viele Narben waren in den Jahren zuvor geschlagen worden und sprachen eine deutliche Sprache. Also schrieb ich mich mit knapp 50 Jahren am Camden Institute in London als Studentin ein, um nun Kunst zu studieren.

Ich begann mit Collagen, Aquarellen und Skizzen. Ich experimentierte mit verschiedenen Materialien, zum Beispiel mit Papier, Pappe, die ich bemalte und Fotos hinein fügte. Ich hatte Talent, aber besonders ein sehr gutes Gespür für Kunst. Davon hatte schon Francesca in Mailand profitiert, als sie die Direktorin der ‚Galeria Del Levante' wurde. Bereits in jungen Jahren war ich von kreativen Menschen umgeben, besonders von meiner Mum. Ich glaube heute, dass die Schauspielerei eher nur ein Zufallsprodukt gewesen war, um mich künstlerisch auszudrücken. Der Weg hätte damals auch ganz anders verlaufen können, verstehen Sie?

Ich erinnere mich noch sehr genau daran, dass ich im Alter von 10 Jahren ein Werk von Rembrandt reproduziert hatte. Als ich es stolz meinem Vater zeigte, sagte er nur: Es ist eine Lüge, die Arbeit eines anderen zu kopieren. Ich war in Tränen aufgelöst.
In Camden fand ich meinen eigenen Stil. Oft verwendete ich Ölgemälde und kombinierte sie mit natürlichen Elementen, etwa Steinen, Erde oder Blumen, um dreidimensionale Bilder daraus zu erschaffen. 1978 hatte ich sogar eine eigene Ausstellung in London in der Patrick Seale Gallery in Belgravia. Ich schrieb dazu folgendes Gedicht:

… My work: not mere activity
But a need to share.
Life felt strongly,
Using what is known
While the unknown
Comes to the clearing
To be shaped.
Pain, happiness,
Sorrow and beauty,
Mountains, hills,
Streams, rocks
And flowers
Growing between them –
Does it matter
In to which riverbeds
I sink thoughts, dreams
And loving?
It matters not.
As long
As there is one

Who, drinking, knows
That thirst plus loving
Can turn water to wine...

Als ich Ende der 1950er Jahre mit dem Kunststudium begann, entwickelte sich London von einer doch etwas trostlosen konservativen Stadt, die gerade erst angefangen hatte, die Schwierigkeiten des Zweiten Weltkrieges zu vergessen, in eine Hauptstadt voller Freiheit, voller Hoffnungen. London wurde nach und nach das Zentrum des Aufbruchs, des Neuen, der Veränderung. Es wuchs die erste Generation heran, der der Krieg unbekannt und aus Erzählungen der Älteren fremd war. Hatten deren Eltern in ihrer Jugend noch um ihr Überleben im Krieg gekämpft, wollten nun die Kinder nur Spaß und Luxus. Eine der wichtigsten Aspekte dieser Zeit war die Musik. Die Beatles, die Stones, die Beach Boys revolutionierten Großbritannien mit neuen Sounds und spektakulären Klangerlebnissen. Es wurde offen über Sex gesprochen. Eine neue Frauenbewegung und die Auseinandersetzung mit dem Feminismus stellten sich mir vor.

Die Künstlerinnen kritisierten, dass sie durch die vorwiegend männliche Kunstgeschichtsschreibung zu wenig Beachtung und massive Benachteiligungen erfahren mussten. Diese neue weibliche Kunst war anders. Wir definierten sie selbst. So fanden wir endlich Eingang in die Kunstakademien und in die Kunstdiskussion. Auf dem Kunstmarkt zeigten wir in dieser Zeit allerdings noch wenig Präsenz.

Ich ließ mich von den jungen Studenten beeinflussen. Zunächst europäisch denkend, also die Kunst um der Kunst willen, etwa Stillleben, Aktmalerei und Landschaften, später in den Raum hinein vorstoßend. Ich wollte den Kontakt zu meinem Leben wiederfinden. In der Kunst. Das hatte ich schon als Schauspielerin getan. Und so mischte ich Kunst und Leben neu zusammen, indem ich Fotografien, Zeitungsausschnitte und Fragmente von Gebrauchsobjekten in die Malfläche einfügte.

Kapitel 5

Kapitel 5

Wie gewonnen, so zerronnen (1961 – 2014)

Die wilden Sechziger Jahre waren durch eine Menge Arbeit, aber auch privates Glück, relativ unspektakulär im Wind der Geschichte an Robert und mir vorübergezogen. Das sollte sich 1975 schlagartig ändern.

Im April 1975 drangen sieben Bankräuber in die Bank von Amerika im Londoner Stadtteil Mayfair ein und erbeuteten rd. 8 Millionen Pfund, von denen später lediglich 500000 Pfund sichergestellt werden konnten. Der Rest? Keine Ahnung! Die Betrüger erhielten Haftstrafen in der Summe von fast 100 Jahren. Der Safe-Cracker Leonard Wilde bekam 23 Jahre, Peter Colson, ein Gebrauchtwarenhändler, erhielt 21 Jahre Gefängnis. Die anderen Fünf wurden zu Haftstrafen zwischen 18 und 3 Jahren wegen Diebstahls verurteilt.

Frank Maple, der Drahtzieher dieses Verbrechens, verließ England kurz nach dem Raubüberfall und soll sich nun in Marokko aufhalten, da dieser afrikanische Staat keinen Auslieferungsvertrag mit England hat. Tja. Er wurde bis heute nicht gefasst. – Die Gang hatte mit dem in der Bank arbeitenden Elektriker Stuart Buckley einen Insider. Er hatte die Türkombination zum Kellergewölbe der Bank erfahren, nachdem er sich in den Räumen über der Bank verstecken und durch ein Loch in der Decke die Zahlenkombination erspähen konnte.

Dieser Banküberfall auf die Bank von Amerika gilt bis heute als der größte in der Geschichte. Mein Schließfach mit Juwelen wurde von der Diebesbande, ebenso wie viele andere Fächer, ausgeräumt. Ich kenne den Unterschied zwischen arm und reich. Thalberg ließ es mich durchleben. Hatte ich mich gerade als glamouröser Star in ‚The Great

Ziegfeld' etabliert, wollte er in seinem nächsten Film ‚The Good Earth', dass ich eine arme hässliche Chinesin spiele, die sich durch Hungersnot, Naturkatastrophen, Krieg und Schmähungen kämpft. Mayer war außer sich: „Thalberg, Sie Wahnsinniger! Warum tun Sie mir das an? Mrs. Rainer ist ein junges, hübsches Ding. Wir haben ihr, und glauben Sie mir, es war schwierig genug, eine frische Fassade verpasst, und nun wollen Sie ernsthaft, dass ich das hübsche Ding eine schlecht aussehende Sklavin spielen lasse, die größtenteils stumm agieren und altern soll?" – Thalberg blieb ruhig. Er wusste, was er an mir hatte, wobei ich mir selbst auch zunächst Sorgen machte, dass mein Publikum diesen krassen Wandel von der temperamentvollen, extrovertierten, französischen Diva Anna Held zur stillen, aufopferungsvollen und zurückgezogenen Frau eines chinesischen Bauern nicht würde gutheißen und mich fallen lassen könnte. Doch Thalberg überzeugte mich und so stürzte ich mich in die Arbeit. Ich lehnte es ab, von der Make-up-Abteilung eine Latexmaske verpasst zu bekommen, um meinen großen Augen ein orientalisches Aussehen zu geben. Der liebe Paul Muni, mein Co-Star in diesem Film, who opted for a prosthetic make-up.

Die Rolle der O-Lan war die größte Errungenschaft in meiner Karriere. Endlich durfte ich jetzt echt, ehrlich und bodenständig spielen ... realitätsnah. Der starke Kontrast zwischen diesen beiden Frauen beeindruckte die Akademiemitglieder und Kritiker gleichermaßen und bescherte mir so den zweiten Oscar in Folge. Ein kleines Stück Tesafilm hinter den Augen genügte, um meine ethnische Zugehörigkeit zu ändern. Der Rest war Schauspielkunst und Empathie.

„Haben Sie noch nicht genügend Chinesinnen gecastet?", brauste Mayer auf. Thalberg blieb ruhig: „Natürlich haben wir das. Viele bleiben ja auch Statisten im Film. Auch Anna May Wong, die chinesisch-amerikanische Schauspielerin, habe ich für die Rolle der Konkubine Lotus vorsprechen lassen. Doch sie will diese Drachenlady nicht spielen. Sie rief mich eines Abends in meinem Büro an und meinte: ‚Ich werde diese ewige Diskriminierung von euch nicht länger hinnehmen! Ich werde als einzige Chinesin unter lauter Amerikanern und Europäern diese dazu noch einzige unsympathische Rolle der Lotus nicht spielen.'"

Mayer antwortete gelassen: „Natürlich wird sie das. Wo soll sie denn sonst hin? Nach Europa zurück? Ich bitte Sie, Thalberg. Wir alle wissen doch, dass Chinesen gar nicht fähig sind, Hauptrollen zu übernehmen. Sie verfügen charakterlich eben nicht über die dafür notwendige Bandbreite, echte Gefühle und komplexe Motivationen glaubwürdig darzustellen. Ich habe Ihnen schon ein Privileg eingeräumt, Chinesen für die wichtigen Nebenrollen zu casten, aber ich denke, wir lassen es in den Hauptrollen bei der Besetzung von Ungarn, Mexikanern und Indianern. Aber Mrs. Rainer? Warum?"

„Weil es eben Luise ist", antwortete Thalberg. „Ihre Darstellung der O-Lan ist eine wahrhaft epische Errungenschaft, eine Offenbarung der Expressivität, der subtilen Emotionen und des ruhigen Geistes. Luise ist noch zarter als Barbara Stanwyck, noch sinnlicher als Greta Garbo und noch weit emotionaler als Bette Davis. Normalerweise wirkt sie immer so flatterhaft, nervös und fortschwebend, aber sie ist irgendwie in der Lage, diese Aspekte ihres Schauspielstils vollständig zu reduzieren, während sie ihre ungewöhnliche Leinwandpräsenz bewahrt, die von einer inneren Stärke, einem inneren Feuer, einem inneren Trieb zu kommen scheint. Sie setzt all ihre physische und spirituelle Energie bis zur Erschöpfung ein, leidet mit O-Lan."

Mayer beruhigte sich langsam: „Thalberg, das amerikanische Publikum interessiert sich nicht für Bauern, erst recht nicht für chinesische Bauern. Und es will amerikanische Super-Stars in den Filmen sehen."

„Es geht ja auch nicht um chinesische Bauern, Sir", meinte Thalberg. „Es geht um eine Geschichte, eine Romanze, ein Leben voller Hingabe und Loyalität."

Mayer räusperte sich: „Sehen Sie, Thalberg, wie Sie wissen, arbeiten wir seit der Planung dieses Films eng mit der chinesischen Regierung zusammen. Sonst wäre es sicherlich 1933 nicht möglich gewesen, unseren Regisseur mit einer kleinen Crew nach China einfliegen zu lassen, um dort atmosphärische und kulturelle Impressionen einzufangen. Mit der chinesischen Regierung verhandelten wir in dem Jahr auch die Richtlinien für den Film, an die sich alle gefälligst zu halten haben. Beispielsweise, dass der Film ein schönes und aufregendes Bild Chinas und dessen Bevölkerung zeigt, dass ein Zensor den Dreh überwachen soll, dass wir die Hauptrollen mit chinesischen Schauspielern zu besetzen und allen Vorschlägen eines einheimischen Supervisors am Set unverzüglich zu folgen haben."

Er hielt inne. Thalberg legte ihm die Hand auf die Schulter: „Ich werde mich der chinesischen Regierung erklären und sagen, dass wir es so authentisch wie möglich machen und ihre Richtlinien größtenteils erfüllen werden. Immerhin haben wir bereits mit Soo Yong, Keye Luke sowie Chingwah Lee wichtige Rollen mit chinesischen Schauspielern fest besetzt. Und dazu noch hunderte chinesische Statisten. Wenn das nicht in Ihrem Sinne ist, Sir, dann müssten Sie einmal mit Albert Lewin, dem Casting-Chef, sprechen. Vielleicht lässt er sich erweichen und rückt damit von seiner Prämisse ab, asiatische Schauspieler eigentlich immer nur zur atmosphärischen Dekoration einzusetzen. Ansonsten werden wir eine echte, chinesische Landschaft mit Häusern, Reisfeldern und Wasserbüffeln im San Fernando Valley, nördlich von Los Angeles, aufbauen und auch einen Teil der Chinesischen Mauer in den Hintergrund einkopieren. Dafür reicht ein Teil Ihrer 3 Millionen Dollar sicherlich aus. Aber lassen Sie mir Luise!"

Mayer war nun ganz ruhig: „Damit brechen wir eine wichtige Regel und gefährden die gesamte Produktion. Die Chinesen haben schon getobt, als ich Muni für die Rolle des Wang Lung habe casten lassen. Und sie wollen auch nicht, dass Wong für die Rolle der Lotus gecastet wird. Grund: whenever she appears in a movie, the newspapers print her picture with the caption: ‚Anna May again loses face for China.' Und die Autorin, diese Pearl Buck, stürmte in mein Büro, um mir unter einem Hagel von Schimpfwörtern mitzuteilen, dass Muni einfach die falsche Besetzung für die Rolle sei und dass das Drehbuch schon jetzt gar nichts mehr mit ihrem preisgekrönten Roman zu tun und ich persönlich eine amerikanische Romanze in anderen Worten daraus gemacht habe."

„Aber sie hatte nichts gegen Luise! Im Gegenteil: sie setzt sich bis heute vehement für sie ein!", hakte Thalberg entschlossen nach und sah seinen Boss herausfordernd an.

„Die chinesischen Reformer werden uns ohnehin den Kopf abreißen, wenn wir ihnen eine aufopfernde Frau in einem durch und durch patriarchalisch geprägten Land präsentieren, die nicht mal einen Gedanken an Emanzipation verschwendet. Also sei's drum. Aber ich warne Sie, Thalberg: halten Sie die Rainer in Schach, oder sie wird uns allen um die Ohren fliegen."

Der Film flog uns allerdings um die Ohren. Erst beging unser alkoholsüchtiger Regisseur in seinem Strandhaus in Hollywood am 9. August 1934 Selbstmord, nachdem er aus China mit einem großartigem Filmmaterial zurückgekehrt war und musste durch Sydney ersetzt werden. Dann brannte eine Lagerhalle mitsamt dem darin eingelagerten Filmmaterial bis auf die Grundmauern nieder, so dass der Film noch einmal komplett neu gedreht werden musste. Kurz darauf starb Thalberg völlig unerwartet und stürzte mich in eine schwere Schaffenskrise, da ich von nun an keinen Rückhalt mehr vor Mayer und seinen Anfeindungen hatte. Und schließlich überrollte uns die weltpolitische Lage. In dem Jahr, in dem ‚The Good Earth' erschien, war Japan in der Mandschurei einmarschiert. Schon 1932 hatten sie Schanghai bombardiert, ein Jahr später wurden die Provinzen Rehe und Charhar besetzt, 1936 Teile der Inneren Mongolei. Von 1937 bis in das Jahr 1945 führte die kaiserliche Armee Krieg; allein bei dem Massaker von Nanking massakrierten japanische Soldaten 200000 Zivilisten und Kriegsgefangene.

Da musste ich mich doch engagieren. Am 1. Oktober 1937 kamen mehr als 20000 Leute im Madison Square Garden in New York zusammen, viele gehörten der American League Against War and Fascism, aber auch den American Friends of the Chinese People an. Viele Promis aus Politik, Kirche und Showbiz redeten. Auch ein Japaner sowie ein Koreaner durften ans Mikrophon. Als ein junges Mädchen, ein Opfer der Schanghai-Bombardierung, zitternd uns erzählte, wie die Japaner in ihrer Stadt die Hölle entfachten und zu einem grausigen Friedhof verwüsteten, musste ich weinen und schämte mich meiner Tränen nicht.

Gleich zu Beginn der Versammlung sangen 100 Männer eines chinesischen Chores alte und neue Lieder ihrer Heimat, was uns alle tief bewegte. Auch die Redner überzeugten uns, nicht tatenlos zuzuschauen, wie Japan Chinas systematische Vergewaltigung vorantrieb. Und so war ich im Februar 1938 Gastgeberin in Clara Bows neu eröffneten ‚It Café' in der Lobby des Plaza Hotels für chinesische und japanische Kriegswaisen.

‚The Good Earth' wurde für insgesamt fünf Oscars nominiert, darunter als bester Film, beste Regie (Sidney Franklin), beste Kamera (Karl Freund) und bester Schnitt (Basil Wrangell). Neben meiner Auszeichnung gewann der Film noch einen für die beste Kamera. Ironischerweise erschien genau zu diesem Zeitpunkt Wong auf dem Cover der zweiten Ausgabe des Magazins Look, und wurde als das schönste chinesische Mädchen der Welt betitelt. Stereotypisiert als Drachendame kostümiert, hielt sie einen Dolch drohend in der Hand. Die Rolle der Lotus übernahm übrigens Tilly Losch, aus Wien gebürtig.
Der Film wurde ein großer Erfolg. Er traf den Nerv der Amerikaner, besonders der amerikanischen Farmer, die 1931 aufgrund der Great Depression und der langanhaltenden Dürre ihr Land verlassen mussten. Der Film erzählt gleichsam ihre Geschichte, nur dass sie eben in China spielt. Die Frau des chinesischen Staatslenkers, Madame Tschiang Kaischek, schickte mir lange Zeit zu Weihnachten immer ein Geschenk.

Nachdem ich bereits 1960 in Amerika mit einem Stern auf dem Hollywood ‚Walk of Fame' ausgezeichnet worden war, schien es nun auch für mich in Deutschland an der Zeit zu sein, mich nicht ganz zu vergessen. Am 5. September 2011 reiste ich nach Berlin. Dort traf ich den Regierenden Bürgermeister Wowereit, ein sehr sympathischer, gut aussehender und fähiger Mann, mit dem ich den zusätzlichen 21. Stern zu meinen Ehren enthüllen durfte. Dabei war der Weg dort-hin mehr als beschwerlich gewesen: Als im September 2010 auf dem Boulevard der Stars 40 deutsche Film- und Fernsehschaffende ge-ehrt wurden, hatten sie mich total vergessen. Das kann schon mal passieren, dachte ich damals. Immerhin hatte ich ja meine größten Triumpfe auch in Amerika und nicht in Deutschland. 2011 war ich endlich nominiert, aber durch die Jury, bestehend aus Senta Berger, Gero Gandert, Uwe Kammann, Dieter Kosslick und Hans Helmut Prinzler, abgelehnt worden. Dabei

sind Kosslick und Gandert selber Ex-Düsseldorfer! 20 Stars sollten ihre Ehrungen bekommen. Nun war es ein handfester Skandal! Die Proteste waren entsprechend groß und berechtigt. Schon im Oktober 2010 waren viele gute Freunde und unschätzbar viele Fans für mich eingetreten, unter anderen besonders der liebe Paul DH Baylay, der Geschäftsführer einer Management-Agentur im Musikbereich, der Zentralrat der Juden in Deutschland und sogar Facebook. Alle forderten die Presse und Politiker dazu auf, mich doch noch als 21. Stern aufzunehmen. Unter größtem Druck gaben die Verantwortlichen nach und machten eine große Ausnahme. Dabei ist in den Statuten des Boulevard der Stars eindeutig geregelt, wer ausgezeichnet werden soll: Der Boulevard der Stars soll jene Persönlichkeiten ehren, die sich durch herausragende Leistungen um Film und Fernsehen im deutschsprachigen Raum in Vergangenheit und Gegenwart verdient gemacht haben. Dazu gehören natürlich neben Schauspielern ebenso Produzenten, Regisseure und Autoren wie Kameraleute, Filmarchitekten, Komponisten, etc. Der Boulevard der Stars ist kein einmaliges Ereignis, sondern ein über viele Jahre wachsendes und im Prozess befindliches Kunstwerk.
Wenn nicht mal ich damit gemeint gewesen sein sollte, wer dann? Zudem war ich auch noch Trägerin des Bundesverdienstkreuzes 1. Klasse, das mir der damalige Bundespräsident Richard von Weizsäcker in 1985 überreicht hatte.

Die nette geschäftsführende Gesellschafterin vom Boulevard der Stars, Georgia Tornow, kam mit Blumen und Glückwünschen zu mir nach London. Sie wollte mich überreden, den 21. Stern persönlich in Berlin in Empfang zu nehmen. Ausgerechnet Berlin! Erinnerungen an den Reichstagsbrand, die Höhle der Teufel, aber auch die vielen umfeierten Auftritte stiegen in mir hoch. Ich mag die Deutschen. Nach wie vor. Mein Deutsch ist auch noch ganz passabel. Nur das Atmen fällt mir etwas schwer. Also ließ ich sie also erst einmal etwas zappeln und meinte dann auf halber Strecke: Ich würde liebend gerne Berlin noch einmal besuchen und selbstverständlich würde ich auch gerne meinen Stern selber in Augenschein nehmen. Aber eine Reise ist für mich doch sehr anstrengend und riskant, jedenfalls solange es nicht diese tollen utopischen Flugmöglichkeiten gibt, die mich mit meinem Rollstuhl im Handumdrehen nach Berlin saugen würden. Ich bin immer gerne geflogen – vielleicht kommt diese Erfindung ja noch rechtzeitig!

Genüsslich verschwieg ich ihr allerdings, dass ich noch meinen 90. Geburtstag am Toten Meer gefeiert hatte und durchaus noch als rüstige Rentnerin zu bezeichnen bin. I want to show you something. I have never had a face-lift! Look! (…) No scars! Und überhaupt: in dem Lyrik-Film ‚Poem – Ich setzte den Fuß in die Luft und sie trug' stand ich in Island an einem gigantischen Wasserfall vor der Kamera und rezitierte Goethes Gesang der Geister über den Wassern. Da war ich zarte 93 Jahre alt.

Und natürlich bin ich gekommen. Die anschließende Feier auf dem Mittelstreifen der Potsdamer Straße am Sony Center und die Medianight im TIPI am Bundeskanzleramt waren mir indes dann doch zu stressig. – Obwohl ich schon sagen muss: der Lufthansa-Partner British Midland und The Ritz-Carlton haben versprochen, mir jeden Wunsch von den Augen abzulesen (…). Das taten sie. Einer Diva angemessen.

Düsseldorf, meine Heimatstadt, zog am 12.07.2013 mit einem Stern vor dem Filmmuseum nach. Auch dort gab es im Vorfeld politisches Hickhack, den ich um meine Person bis heute nicht verstehe. Ersparen Sie mir das, lieber Freund. Undank ist der Welten Lohn und wie heißt es so schön: der Prophet zählt nichts im eigenen Land. Der liebe Bernd Desinger, Filmmuseumsdirektor, kämpfte wie ein Löwe um meine Ehrung. Wir schrieben uns Briefe, und er unterrichtete mich lückenlos über den Fortgang der Geschehnisse in Düsseldorf. Ich reiste nicht an, als es endlich soweit war. Aus gesundheitlichen Gründen. Der Düsseldorfer Bürgermeister Conzen sagte bei der Enthüllung: Mit diesem Stern wollen wir nun ein sichtbares Andenken für Frau Rainer schaffen und deutlich machen, dass die Stadt Düsseldorf die große Schauspielerin nicht vergessen hat.

Und Düsseldorf ehrte mich am 11.03.2017 posthum noch mit meiner eigenen Straße. Das hat mich vom Himmel aus sehr belustigt.

Alle Autos, Fahrradfahrer, Motorräder, Fußgänger und Tauben können nun an der Grafenberger Allee/Ecke Hans-Günther-Sohl-Straße die Luise-Rainer-Straße entlangkommen, kurz anhalten, sich an mich erinnern und dann kopfschüttelnd weitermachen wie bisher. Vorher hatte meine Straße den Namen eines NSDAP-Mannes getragen, der eine besondere Rolle bei dem Einsatz von Zwangsarbeitern bei den Vereinigen Stahlwerken hatte: Hans-Günther Sohl. Die CDU hielt an ihm lange fest.

Dann aber wurde in einer Sitzung vom 27.09.2016 von der Bezirksvertretung 2 beschlossen, den Rat und die Verwaltung der Landeshauptstadt Düsseldorf aufzufordern, nun die Hans-Günther-Sohl-Straße in die Luise-Rainer-Straße umzubenennen. Im Stadtarchiv fand man nichts, was gegen die Umbenennung sprach. Tja, so tauschte man einen Nazi-Schergen gegen eine jüdische Schauspielerin! Ich hatte im Himmel jedenfalls einen Heidenspaß! Aber ich denke, ich stehe Düsseldorf damit als Außenwerbung auch viel besser.

Wissen Sie: Die Kunst im Leben besteht darin, den passenden Moment festzuhalten und ihn, wenn er verflogen ist, wieder loszulassen. Ohne eine Wehmut oder Reue. Ich griff zu, als sich die Möglichkeit ergab, nach Hollywood zu gehen und ich ließ los, als es für mich dort nicht weiterging. Ich griff zu, als man mich zu einer Diva, einer Wiener Träne, stilisierte und ich ließ los, als es an der Zeit war. Alles in meinem Leben war Kunst. Und ist es bis heute. Ich fühlte mich überglücklich, wenn das Getuschel und Gemurmel um mich einsetzte und Sätze wie die ‚künstlichste und exzentrischste Person' fielen. Für mich ist das bis heute eine Ehre, so genannt zu werden. Ich war schon immer ein Gesamtkunstwerk. Aus jeder noch so kleinen Banalität konnte ich Kunst erschaffen, genauso einfach, wie aus Heu Gold zu spinnen. Es machte mir nichts aus. Viele normalsterbliche und phantasielose Menschen finden im Heu nur die Realität vor. Das ist sie aber nicht. Das Heu ist kein abgemähtes Gras und für die Kühe da. Nein! Mit Genialität wird Gold daraus. Und mit Gold meine ich gute Storys, die man gerne erzählt.

Heu und Gold gehören zu mir. Eigentlich schon immer. Und hat man es denn zum ersten Mal geschafft, Gold aus Heu zu spinnen, hat man eine ganze Gesellschaft im Theater, Zuhause oder auf der Straße köstlich unterhalten, erfüllt es einen mit unsagbarer Zufriedenheit. Man geht, berauscht von Selbstsicherheit und Stolz nach Hause und wartet sehnsüchtig auf die nächste sich bietende Gelegenheit, wieder mühelos Gold zu spinnen. Und diese Gelegenheiten kamen mir immer – wie von selbst. Man muss sie nur als solche erkennen, was leider nur uns phantasiebegabten und von Genialität erfüllten Menschen vorbehalten ist. Der Welt ginge es sicherlich viel besser, wenn es mehr von uns gäbe, von uns, den Auserwählten.

Und auch Sie sind auserwählt worden. Von mir. Ich habe gefühlt, dass Sie es wert sind. Ich habe nicht mehr lange zu leben, wissen Sie? Und so suchte ich in den letzten Jahren einen schlauen Geist, der es schaffen würde, mich zu entlarven. Zu entlarven als Künstlerin, mit ihrer Größe und Genialität. Nicht als Lügnerin, die ich nicht bin. Lügen sind keine Unwahrheiten, nein, sie sind Kunst, ein Zeichen von Genialität. Seit 103 Jahren spinne ich aus Heu Gold. Ich möchte, dass Sie mich entlarven, aber nur, weil ich es so will. Die Menschheit soll erkennen, wie genial ich gewesen bin. In den 80er Jahren begann ich, mein Leben unter dem Arbeitstitel ‚Unfinished Symphony' in dem sehr schönen, malerischen schweizer Dorf Vico Morcote, wo wir seit 1979 ein Haus hatten, im Beisein von Robert aufzuschreiben. Es war der erste und einzige Versuch, Heu als solches in seiner ursprünglichen Banalität zu belassen. An irgendeinem Punkt merkte ich, dass ich das nicht wollte. Das Gold fehlte mir. Niemand hat verdient, derart Schmuckloses lesen zu müssen. I have written 230 pages and you know how old I am? Twenty-two!... at that pace, the book would be as long as ‚War and Peace'. Also gab ich das ganze bis dahin aufgetürmte Heu aus meinem Leben an das Howard Gotlieb Archival Research Center nach Boston unter Verschluss.

Verzeihen Sie mir, wenn ich Sie verunsichere. Aber ich bin Schauspielerin. Kein ehrlicher Seismograph meines Lebens. Mein Leben war wirklich das eines realen Märchens: Prinzen entdecken, verführen und heiraten mich. Meine Reise nach Hollywood gerinnt zu einem einzigen Abenteuer, wie aus einem MGM-Film jener Zeit. Eine junge

Frau, des Englischen kaum mächtig, reist mit leichtestem Gepäck und ihrem Hund Johnny, mit dem sie immerzu nur Deutsch spricht, in die USA. Eine Heldenreise, beginnend mit der Berufung des Helden, seine anfängliche Verweigerung, dann die Prüfung, der er sich unterziehen muss, bis zur Belohnung. Mein Leben eine Heldenreise. Diese Heldenreise existiert in uns allen.

Ja, und dann wurde ich entdeckt. Der Ruf von Schönheit und Talent verbreitete sich fortan im ganzen Königreich, und der Held brach auf, um die Unbekannte zu suchen und nach Hollywood zu holen. Die einen werden gebeten, entdeckt, die anderen stehen Schlange und warten jahrelang, von Hollywood endlich wachgeküsst zu werden. Ich war eine Auserwählte, so, wie Sie jetzt von mir auserwählt wurden. Gegen Ihren Willen habe ich Sie auserwählt, mein Freund, genauso, wie ich gegen meinen Willen auserwählt wurde. Das eint uns. Das bringt uns auf Augenhöhe. Sie werden mich entlarven und der ganzen Welt zeigen, wie genial ich war. Ich werde noch genialer als Goldspinnerin erscheinen, weil Sie das ganze Tamtam aufdecken werden. Und Sie, mein Bester, werden der Welt zeigen können, wie genial Sie wirklich sind, indem allein Sie es geschafft haben, Gold wieder zurück in Heu zu verwandeln. Alles von mir ehemals Ausgeschmückte wird wieder in ihren ursprünglichen Zustand zurückverwandelt. Ich lasse die Karten fallen, weil ich es so will. Und ich begebe mich in Ihre Hände. Meine Hände sind vom Goldspinnen müde.

Es tut weh, Ihnen mein Gold anzuvertrauen und es gegen zukünftiges Heu einzutauschen. Jeder Mensch liebt Gold und niemand möchte auf Stroh schlafen. Lassen Sie es mich noch einmal erzählen, bevor ich Sie um etwas bitten möchte. Der MGM-Kerl, der junge Prinz, war in meiner Garderobe in Wien, in meinen Keller, gekommen, wo ich Erbsen auslas. Ich wurde von ihm entführt und von einer Fee schließlich in eine Prinzessin verwandelt. Kaum in Hollywood angekommen, wurde ich von der Drehbuchautorin Anita Loos angesprochen, den Studios empfohlen, dann kam eine Limousine, eine Kutsche, die zuvor noch ein Kürbis gewesen war, und die mich direkt vom Strand ins Studio, in den Palast des heiratsunwilligen, und daher von der Richtigkeit einer Heirat zu überzeugenden Prinzen, fuhr. Dort fragte man mich, ob ich denn über Nacht aus Heu Gold zu spinnen in der Lage sei, und teilte mir kurz mit, dass ich im Falle der Nichterfüllung des Todes sei. Also lernte ich die zwei Seiten eines Scripts auswendig. Ja, natürlich, habe ich gesagt und gewusst, dass mir kein Rumpelstilzchen bei meinem nächtlichen Vorhaben würde helfen können. Ich habe die ‚Heilige Johanna' über Nacht sofort gekonnt und die Rolle bekommen, mein Leben zunächst gerettet. Doch die Heuballen, die zu Gold gesponnen werden mussten, wurden zahlreicher und unüberwindlicher, so dass ich mein Talent immer öfter heraufbeschwor und mitspielte.

William Powell, der große Filmprinz, jung, galant und höflich, verlangte, dass man mich groß rausbringen müsse, sonst würde er albern aussehen. Und er setzte sich damit gegen seinen Vater, der nicht an mich glaubte und meine beiden bösen Stiefschwestern durch. Zu früh und zu unvorbereitet bin ich in Hollywoods Schloss angekommen. In zauberhaften Kleidern, ohne einen einzigen Fleck meiner lebendigen Vergangenheit darauf, strahlendweiß, umgedeutet, unproblematisch. Eine neue junge Prinzessin, auferstanden aus dem Geiste Aschenputtels. Und zugleich goldener Nährboden für mich. Meinem neuen Image war ich sehr dankbar. Denn nun musste ich nicht mehr um mein Leben spinnen. Andere Leute haben nun aus Heu Gold für mich gesponnen. Sie wurden sogar dafür fürstlich bezahlt.

Jeden Schritt, den ich tat, jeden Satz, den ich sprach, jede Affäre und Begegnung, die ich mit berühmten Männern hatte und jeder Filmflopp, den ich einfuhr, vergoldeten sie prächtig mit Perlen und Edelsteinen, bis kein Heu mehr zu erkennen war, bis aus allem Negativen etwas Zauberhaftes geworden war. Und je mehr Gold über mich geschüttet wurde, und ich selbst durch mein Zutun noch mehr Geschmeide anhäufte, desto begehrter fühlte ich mich. Desto mehr fühlte ich, wie hochintelligent und erfolgsorientiert ich war. Immerhin gelang es mir bis heute, nicht entlarvt zu werden. Ich erzählte die tollsten Storys und alle glaubten mir, weil ich es selber glaubte. Und gegen mein Ausschmücken, andere normalbegabte Menschen würden es Lügen nennen, war nichts einzuwenden. Im Gegenteil: ich schadete damit ja keinem. Der Unterhaltungseffekt war da, alle fühlten sich gut und dafür darf man doch dramatisieren. Mal mehr, mal weniger. Dabei folgte alles einer genauen Dramaturgie meines Lebens. Nichts wurde dem Zufall überlassen. Und ich lernte schnell. Seien Sie gewiss, mein Bester, auch Sie sitzen hier nicht aus Zufall, sondern allein aus Notwendigkeit.

Zu märchenhaft mein Leben: Frühgeburt und hartes Leben, dann wundersame Erhöhung mit dem heilenden Zuspruch des Schicksals, das Gut und Böse zu identifizieren und das Böse am Ende zu bestrafen weiß. Schließlich der tragische Sturz, der eilige Aufbruch aus dem Schloss, wenige Sekunden nach Mitternacht, bevor meine Tarnung auffliegt, ich die ganze Welt enttäuschen und meine Pferde wieder zu Mäusen, meine Kutsche wieder in einen Kürbis und ich wieder in ein armes Mädchen verwandelt werden würde. Zu sehr blendete mich der Reichtum im Hollywood-Schloss mit seinen edlen und aufrichtigen Menschen darin.

Ich hab's vervollkommnet. Mit einer nach außen gerichteten Stilisierung. Die Stilisierung einer Leinwandgöttin, die es schaffte, aus Heu Gold und aus Gold rote Diamanten zu formen. Alles ritualisiert am Code Hollywoods. Mein Image, das ich mir bereits Jahre zuvor in meiner Kindheit und Jugend als rebellisch, dickköpfig und uneinsichtig zugelegt hatte, veredelte Hollywood erneut und fasste es in einen unsagbar schönen Rahmen ein. Ich galt als schön, reich und erfolgreich. Ich war unnahbar für meine Fans, ich war verwundbar durch einige Schicksalsschläge, von denen Sie bereits wissen, ich erschien zart und zerbrechlich und von unsagbar schöner Blässe, ich war exzentrisch, affektiert, hoch emotional. Von Kindesbeinen an. Selbst kleinste Anlässe führten oft zu einem starken Ausbruch von Gefühlen. Ich hatte von Anfang an ein gutes Gespür für die Atmosphäre. Schon immer ließ ich mich mehr durch meine Intuition denn durch analytisches Denken leiten. Ich war unverwechselbar, ich wurde so eine lebende Legende. Ich war überragend in meinen Filmen, ich engagierte mich für Kinder, half in Not geratenen Künstlern, war mit vielen Promis befreundet, ließ Räume der Phantasie und des Träumens. Ich war bereits vor Hollywood definitiv ein Star, eine weitere Voraussetzung, um zu einer lebenden Legende zu werden. Das Kino verzauberte mich, das Fernsehen machte mich wieder nahbar und vertraut und zerstörte damit beinahe meine Aura. Aber nicht nur das Fernsehen, sondern auch meine Skandale, mein Drang nach einem Eigenleben und die zahlreichen Flops im Showbiz hätten meinen Stern fast abstürzen lassen. Dennoch schaffte ich es irgendwie spielend leicht, aus allem noch so schäbigen Heu noch glänzenderes Gold zu machen. Also schreiben die Zeitungen noch heute über die letzte Diva, eine der letzten vergessenen Legenden.

In Deutschland ist heutzutage leider eine Distanz, eine Entfernung vom Publikum, nicht mehr möglich, was ich sehr bedauere. Man wird öffentlich entweiht und entzaubert. Daher hat Deutschland keine Mythen mehr, sondern nur noch Theater- und Fernsehschauspieler, vielleicht ein paar wenige Stars, aber keine lebenden Legenden mehr. Das Fernsehen macht heute aus allen Menschen Stars, sogar Superstars. Aber sie sind keine. Sie sind nicht einmal Sternchen, da ihnen das Geheimnisvolle, Phantasieanregende, Träumerische, Inhaltliche fehlt. Ich erstellte mir zeitlebens meine eigenen Spielregeln. Ich wurde zur Diva und war auch schwer zu kontrollieren. Nur Robert sowie wenigen Auserwählten gelang es. Ich war risikofreudig und für Überraschungen aller Art bekannt. So war ich beispielsweise mit unserer Francesca einmal auf der Suche nach einem Hotel. Wir landeten schließlich in einem holländischen Bordell. Also was tun? Bleiben oder weiterfahren? Natürlich bleiben. Ich riet Francesca, nicht die Bettdecke aufzuschlagen und sich nicht auszuziehen – fertig.

Ich wurde zur Diva. Ich wurde von Hollywood erschaffen und bin bis heute mit Hollywood verbunden. Ohne Hollywood wären Greta Garbo oder Marlene Dietrich nie Film-Göttinnen geworden. Auch dadurch wurde ich eine von ihnen. Ich war für Männer und Frauen gleichermaßen faszinierend. Auch dadurch wurde ich zur Diva. Ich zog mich die letzten 20 Jahre in diese Wohnung hier zurück, wie die Dietrich in Paris, die sich konsequent vor der Öffentlichkeit, speziell der deutschen, verbarg. Damit blieb auch sie unnahbar und geheimnisvoll entrückt bis zum Schluss. Ich verkörperte die ‚neue Garbo', die Göttliche, ein Versprechen für die Zukunft.

Es fließt durch meine Adern, es ist alles Wort für Wort sorgfältig und suggestiv vorgeformt und auf die Wirksamkeit nach außen seit Jahrzehnten perfektioniert und läuft ab, sobald jemand Mikrophon oder Kamera auf mich richtet. Wenn ich nicht im Mittelpunkt stehe, fühle ich mich extrem unwohl. Auch meine Suite, die Sie nun kennen, habe ich durch unterschiedliche Räume inszeniert. Mit Attributen, die einem Star zugesprochen werden.

Wanderte und erklomm ich Berge tatsächlich gern? War Johnny mehr als ein Accessoire? Oder soll das alles nur die Extravaganz eines Stars unterstreichen? Was glauben Sie? Und die öffentliche Ablehnung von Schmuck, Make-up und teuren Klamotten. Eine Stilisierung als Anti-Diva! In Hollywood war ich dann schnell in einem Starpool mit meinesgleichen eingesperrt. Wir konnten alle dasselbe und gleichzeitig nichts. Also musste ich doch irgendwie rausstechen. Und das tat ich mit einem neuen Image, dem des Anti-Stars. Dieses Image war ohnehin für die Leute noch weitaus attraktiver. Tatsächlich liebe ich bis heute Schmuck, schöne Kleider, dezentes Make-up und natürlich Champagner und Chanel No 5.

Die Kunst im Leben besteht darin, den passenden Moment festzuhalten und ihn, wenn er verflogen ist, wieder loszulassen. Und dieser Moment ist nun da. Geben Sie mir Ihre Kassetten und fangen Sie noch einmal neu an. Ihren Kalender der 100-Jährigen können Sie ja immer noch machen. Aber ich bitte Sie: entlarven Sie mich! Schreiben Sie meine Biographie. Ohne all das, was ich Ihnen in den letzten Tagen erzählt habe. Schreiben Sie die Wahrheit, keine ästhetisch konstruierte Stilisierung meiner Person. Ich werde ja bald 105 Jahre alt und habe nicht mehr viel Zeit. Viele große Stars von damals sind inzwischen gestorben. Ich bin noch da. Warum? Kaum jemand weiß, dass es mich noch gibt. Entzaubern Sie mich. Entlarven Sie mich als große und geniale Künstlerin. Ich glaube, Sie inzwischen sehr gut zu kennen, mein Bester. Und ich weiß, dass Sie mich nicht als Lügnerin bloßstellen werden, die ich niemals war. Ich will es so. Und bereichern Sie sich an mir. Auch das will ich so ... und denken Sie immer positiv!

Schweigend überreichte ich ihr die Kassetten und machte mich wieder auf den Weg. Luise Rainer starb am 30. Dezember 2014 an einer Lungenentzündung. Ihr Nachlass wurde von London nach Beverly Hills verschifft und versteigert. Noch heute höre ich sie in ihrer schelmischen Art manchmal sprechen, wenn der Wind der Erinnerung günstig steht: „Ich warne Sie. Es ist eine lange Geschichte. Also nehmen Sie sich einen Sherry, aber nicht so zimperlich!“

Anhang

Anmerkungen, Erläuterungen, Quellenhinweise

Zu Kapitel 1

Angelehnt an: Rolff, Marten: Die letzte Göttin; in: Süddeutsche Zeitung; Nr. 167; 23.07.2009; S. 9

Geburtsurkunde vom 15.01.1910 (Nr. 90); Standesamt Düsseldorf

Brenner, Marie: Great Dames – What I learned from older women; New York: Crown Publishers; 2000; S. 173-198; S. 178

Vgl.: Carruthers, Craig: Luise Rainer (1910-1930); in: Luise Rainer – Celebrating the life and work of Luise Rainer (1910-2014); https://luise-rainer.com/chronology/1910-1930 (09.08.2018): „At some point between 1921 and 1924 Luise is enrolled at a Jewish children's home on the island of Wyk-auf-Föhr". Das Jüdische Kinderheim für tuberkulosegefährdete Kinder und weibliche Jugendliche am Südstrand in Wyk wurde allerdings erst am 23.06.1927 eröffnet. In der Zeit von 1921 bis 1924 gab es zahlreiche andere Kinderheime und Kindererholungsheime in Wyk.

Vgl.: Reissmann, Volker: Jüdische Filmschaffende aus Hamburg: Teil 1: Felix Jackson; in: Liskor – Erinnern; 2. Jahrgang, September 2017; Hrsg. von der Hamburger Gesellschaft für jüdische Genealogie e.V.; S. 31-42; S. 32

Bachmann, Barbara: Die Mutter-Kind-Interaktion bei Frühgeborenen im Vergleich zur Mutter-Kind-Interaktion bei Termingeborenen; Masterarbeit an der Zürcher Hochschule für Angewandte Wissenschaften; November 2010; S. 2 u. 3

Vgl.: Kahnt, Antje: Düsseldorfs starke Frauen – 30 Porträts; Düsseldorf: Droste Verlag; S. 115-120; S. 115

Die nun folgenden Ausführungen speisen sich aus der im Staatsarchiv Hamburg einlagerte Einbürgerungsakte Heinrich Rainers (332-7, Staatsangehörigkeitsaufsicht, B VI 4492). 1937 emigrierte Heinrich Rainer aus Hamburg nach Brüssel und von dort in die USA. Über das Genehmigungsverfahren der Devisenstelle Hamburg zur Emigration von Heinrich Rainer ist eine Akte des Oberfinanzpräsidenten Hamburg vorhanden (314-15, F 1974). Ausführliche Angaben zu seiner Biographie enthält eine Akte des Hamburger Amts für Wiedergutmachung (351-11, 2654). Darin ist eine handschriftliche, notariell beglaubigte Erklärung von Luise Rainer vom 25.2.1957 enthalten: „Ich erkläre hiermit, daß ich das Testament meines Vaters Heinr. Rainer, geb.

5.4.1875 in München, gestorben: 27.10.1856 in Rom, Italien, vom 9. März 1942 mit Nachträgen vom 11. März 1946 zu Gunsten meiner Mutter Emilie (Emmy) Rainer, geb. Königsberger, geboren am 4. September 1882 in Krefeld, Deutschland, jetzt wohnhaft in […?], California, U.S.A., als rechtsverbindlich anerkenne. Luise Rainer Knittel“

Staatsarchiv Hamburg: Melderegisterauszug in der Einbürgerungsakte

Vgl.: Möller, Barbara: Die Deutsche, die ‚die neue Garbo‘ war; in: Welt am 30.12.2014

Soibel, Dimitri: Tolle Farbbilder – So sah Düsseldorf nach dem Ersten Weltkrieg aus; in: Express vom 09.12.2014

Brockerhoff, Michael: Düsseldorfer gingen siegesgewiss in den Ersten Weltkrieg; in: westfälische Rundschau vom 08.08.2014 (https://www.wr.de/staedte/duesseldorf/duesseldorfer-gingen-siegesgewiss-in-den-ersten-weltkrieg-id9676897.html?service=amp) (09.08.2018)

Vgl.: Carruthers, Craig: Luise Rainer – Celebrating the life and work of Luise Rainer (1910-2014); https://luise-rainer.com/biography (10.08.2018)

Vgl.: Brief von Heinrich Rainer an das Schauspielhaus Düsseldorf vom 23.12.1927; Theatermuseum Düsseldorf; Personalakte Luise Rainer; Mappe Nr. 6054

Vgl.: Haus der Seidenkultur Krefeld; https://seidenkultur.de/ueber-uns/geschichte (10.08.2018)

Vgl.: Seidenweberfamilie Bruckmann; in: Rheinische Post vom 12.06.2015 (https://rp-online.de/nrw/staedte/krefeld/seidenweberfamilie-bruckmann_aid-21826281) (10.08.2018)

Aus der Geschichte der jüdischen Gemeinden; (http://www.jüdische-gemeinden.de/index.php/gemeinden/k-l/1115-krefeld-nordrhein-westfalen) (10.08.2018)

Vgl.: Rapp, Jeanett: Von Jüdin für Jüdin. Die soziale Arbeit der Leipziger Ortsgruppe des Jüdischen Frauenbundes und ihrer Mitgliedsorganisationen bis zum Ende der Weimarer Republik; Dissertation im Fachbereich Erziehungswissenschaften und Psychologie der Freien Universität Berlin; 2011; S. 40 u. 41

Brenner, Marie: Great Dames – What I learned from older women; New York: Crown Publishers; 2000; S. 173-198; S. 180

Geburtsurkunde vom 15.01.1910 (Nr. 90); Standesamt Düsseldorf

Barkai, Avraham: Jüdische Minderheit und Industrialisierung – Demographie, Berufe und Einkommen der Juden in Westdeutschland 1850-1914; Tübingen: Mohr 1988; S. 27

Diese Geschichte wurde nachempfunden und teilweise übersetzt aus: Fletcher, Adele Whitely: The Tempestuous Life Story of Luise Rainer; in: Photoplay magazine; Juli 1936, nachzulesen in: Carruthers, Craig: Luise Rainer; (https://luise-rainer.com/archive/the-tempestuous-life-story-of-luise-rainer-1936) (10.08.2018)

Vgl. dazu den interessanten Zeitungsbericht von Ascan Klee-Gobert: Pöseldorf; in: Zeit online; 04.04.1946; aktualisiert am 21.11.2012; (https://www.zeit.de/1946/07/poeseldorf/komplettansicht) (10.08.2018), der mich inspirierte, jenen Absatz zu verfassen.

Leip, Hans: Die unaufhörliche Gartenlust – ein Brevier der Hamburger Gartenlust und Gartenkünste seit Karl dem Großen; Hamburg: Saga 1953; S. 25f., S. 25 u. 26

„Himmel auf Zeit" – Die Kultur der 1920er Jahre in Hamburg; Hrsg. von Dirk Hempel und Friederike Weimar; Neumünster: Wachholtz Verlag 2010; S. 93-116 („Künstlerischer Tanz"); S. 93 u. 103

Vgl. Brief des Schauspielhauses Düsseldorf an Luise Rainer vom 11.09.1927; Theatermuseum Düsseldorf; Personalakte Luise Rainer; Mappe Nr. 6052 (SHD 6052)

Bernrieder, Irmgard: Goethe auf Klappstühlen – Krefeld und Thalia II (1920-1963); in: Kultur in Krefeld (https://kultur-in-krefeld.de/kulturhistorie/theater/theater-2) (10.08.2018)

Marzi, Britta: Theater im Westen – die Krefelder Bühne in Stadt, Region und Reich (1884-1944); Münster, New York: Waxmann 2017; S. 46 u. 121

Vgl. Steeg, Herbert: Antifaschistischer Stadtrundgang; November 2012; S. 3f. (http://www.soziales-krefeld.de/srg-herbst2012.pdf) (10.08.2018) - S. 4 u. 6

Vgl.: Marzi, Britta: Theater im Westen; S. 379; siehe auch: Lotz, Rainer E.: Schwarze Entertainer in der Weimarer Republik; S. 255-261 (u.a. über die „Black People")

Vgl.: Hagen-Jeske, Ina: „Zu weiß für die Schwarzen und zu Schwarz für die Weißen": Der künstlerische Umgang mit Identität, Rassismus und Hybridität bei Samy Deluxe und B-Tight; Marburg: Tectum Verlag 2016; S. 58-60

Vgl. Thurman, Kira: A History of Black Musicians in Germany and Austria, 1870-1961: Race, Performance, and Reception; Dissertation am Department of History, Arts, Sciences and Engineering; Rochester: University of Rochester 2013; S. 99

Vgl. Greene, Larry A., Ortlepp, Anke: Germans and African Americans: Two Centuries of Exchange; Univ. Press of Mississippi 2010; S. 59-62

Vgl. Marzi, Britta: Theater im Westen; S. 270f.

Angelehnt an: Rolff, Marten: Die letzte Göttin; in: Süddeutsche Zeitung; Nr. 167; 23.07.2009; S. 9

Kapitel 2

Brief des Schauspielhauses Düsseldorf an Luise Rainer vom 11.09.1927; Theatermuseum Düsseldorf; Personalakte Luise Rainer; Mappe Nr. 6052

(SHD 6052)

Brief des Schauspielhauses Düsseldorf an Luise Rainer vom 04.04.1928; Theatermuseum Düsseldorf; Personalakte Luise Rainer; Mappe Nr. 6052 (SHD 6052)

Vgl. Theatermuseum Düsseldorf; Personalakte Luise Rainer; Mappe Nr. 6060: „Ganz jung heiratete sie den Schauspieler Schildkrauth. Von Schildkrauth ist Louise Rainer jetzt geschieden, 1933 waren sie noch zusammen." (SHD 6060)

Brief von Thannhäuser an das Schauspielhaus Düsseldorf vom 07.12.1929; Theatermuseum Düsseldorf; Personalakte Luise Rainer; Mappe Nr. 6051 (SHD 6051)

Cine, Sondernummer, erschienen nach 1933; (Theatermuseum Düsseldorf; Mappe Nr. 6053) (SHD 6053)

Vgl.: Prokasky, Judith: Luise Rainer: Ausdruck und Anspruch. Erscheinungsbilder einer Schauspielerin; in: Filmblatt; 12. Jahrgang; Heft 33; 2007; S. 4-18; hier: S. 6

Vgl.: Hoffmann, Walther G.: Das Wachstum der deutschen Wirtschaft seit der Mitte des 19. Jahrhunderts; Berlin, New York 1965; S. 470

Vgl.: Prokasky, Judith: Luise Rainer: Ausdruck und Anspruch. Erscheinungsbilder einer Schauspielerin; in: Filmblatt; 12. Jahrgang; Heft 33; 2007; S. 4-18; hier: S. 6 / zitiert

Brief des Schauspielhauses Düsseldorf an Luise Rainer vom 13.04.1928; Theatermuseum Düsseldorf; Personalakte Luise Rainer; Mappe Nr. 6052 (SHD 6052)

Brief des Schauspielhauses Düsseldorf an Heinrich Rainer vom 15.02.1928; Theatermuseum Düsseldorf; Personalakte Luise Rainer; Mappe Nr. 6054 (SHD 6054)

Brief des Schauspielhauses Düsseldorf an Luise Rainer vom 05.05.1930; Theatermuseum Düsseldorf; Personalakte Luise Rainer; Mappe Nr. 6052: „in unerlaubter Weise Textzusätze gemacht und extemporiert." „Ganz besonders peinlich und für Ihre Mitspieler störend, ist aufgefallen, dass nun in mehreren Vorstellungen Ihnen der Absatz des einen Schuhs losging, und Sie nicht nur diesen technischen Zufall nicht cachiert haben, sondern im Gegenteil ihn spielmässig aufdringlich ausgenutzt zu haben." (SHD 6052)

Vgl.: Ernst, Wolf-Dieter: ‚Worttonsprechen'. Aufklärung und Esoterik in der Theaterreform um 1900; in: Aufklärung und Esoterik: Wege in die Moderne; Hrsg. von Monika Neugebauer-Wölk u.a.; de Gruyter 2013; S. 616

Masken: Zeitschrift für deutsche Theaterkultur; Hrsg. von Louise Dumont und Gustav Lindemann; Düsseldorf: Knorsch 1918

Brief des Schauspielhauses Düsseldorf an Luise Rainer vom 03.05.1929; Theatermuseum Düsseldorf; Personalakte Luise Rainer; Mappe Nr. 6052 (SHD 6052)

Brief von Dr. med. Hemmerling an das Schauspielhaus Düsseldorf vom 25.10.1930; Theatermuseum Düsseldorf; Personalakte Luise Rainer; Mappe Nr. 6059 (Atteste). Dort heisst es weiter: „Im Vordergrund der Beschwerden stand Hustenreiz, Hitzegefühl, Schwäche, leichtes Schwitzen und Gewichtsabnahme. Fräulein R. stammt aus einer tuberkulös belasteten Familie.“ (SHD 6059)

Vgl. Brief von Luise Rainer an das Schauspielhaus Düsseldorf vom 15.12.1930; Theatermuseum Düsseldorf; Personalakte Luise Rainer; Mappe Nr. 6051 (SHD 6051)

Vgl. Brief von Luise Rainer an das Schauspielhaus Düsseldorf vom 03.02.1931; Theatermuseum Düsseldorf; Personalakte Luise Rainer; Mappe Nr. 6051 (SHD 6051)

Brief von Luise Rainer an das Schauspielhaus Düsseldorf vom 03.12.1929; Theatermuseum Düsseldorf; Personalakte Luise Rainer; Mappe Nr. 6051 (SHD 6051)

Vgl. Brief des Schauspielhauses Düsseldorf an Heinrich Rainer vom 15.05.1931; Theatermuseum Düsseldorf; Personalakte Luise Rainer; Mappe Nr. 6054 (SHD 6054)

Vgl. Brief von Heinrich Rainer an das Schauspielhaus Düsseldorf vom 13.05.1931; Theatermuseum Düsseldorf; Personalakte Luise Rainer; Mappe Nr. 6054. Dort heißt es: „(Ich sehe nun, dass es eine) konkrete Form angenommen hat, als Sie sich weigern, gewisse Verpflichtungen materieller Art anzuerkennen, die nach meiner Auffassung ausser allen Zweifel zu Ihren Lasten gehen (…).“ (SHD 6054)

Vgl. Brief des Schauspielhauses Düsseldorf an Heinrich Rainer vom 15.05.1931; Theatermuseum Düsseldorf; Personalakte Luise Rainer; Mappe Nr. 6054 (SHD 6054)

Brief des Schauspielhauses Düsseldorf an den Ordnungsausschuß des Schauspielhauses Düsseldorf vom 29.11.1930; Theatermuseum Düsseldorf; Personalakte Luise Rainer; Mappe Nr. 6048/2 (SHD 6048/2)

Zer-Zion, Shelly: Habima: Eine hebräische Bühne in der Weimarer Republik; Paderborn: Wilhelm Fink 2016; S. 19 – Ohne die tatkräftige Mithilfe von Shelly Zer-Zion hätte ich diesen fiktiven Brief und die damaligen politisch-kulturellen Umstände niemals (be)schreiben können.

Vgl. Ivry, Benjamin: Luise Rainer, Oscar-Winning German Jewish Movie Star, Dies at 104; in: Forward; 30.12.2014 (https://forward.com/culture/211864/luise-rainer-oscar-winning-german-jewish-movie-sta) (23.08.2018): „(…) and in 1929, when she auditioned to join a central European tour of the Hebrew-language Habima theater, her father refused to allow her to become a traveling mountebank.“

Vgl.: The Jewish Floridian; Folge 11; Nr. 52; 30.12.1938; S. 5: „Luise Rainer is the chairman of the Sponsorship Committee for the planned American tour of the Habima Theatre of Palestine. (…) The tour will be made under the auspices of the Theatre Guild and the Palestine Pavilion at the New York World's Fair."

Vgl.: Brenner, Marie: Great Dames – What I learned from older women; New York: Crown Publishers; 2000; S. 173-198; S. 179. Marie Brenner zitiert aus Luise Rainers Tagebuch (unpublished memoirs): „ I saw … first a cloud of smoke and flames, high flames licking the sky. … It was light, then dark. The Reichstag went up in flames. How could I tell what Barnovsky was talking about? Adolf Hitler was to declare my race had ‚poisoned blood'. … Barnovsky, his back to the window, was angered by my total inattention. ‚Don't stare out the window. Whatever this is, think of your work and nothing else. This all has nothing to do with you.'"

Vgl.: Brenner, Marie: Great Dames – What I learned from older women; New York: Crown Publishers; 2000; S. 173-198; S. 180f.: „In Frankfurt, soldiers worked as stagehands at the theater, wearing brown shirts and heavy boots. I said to them: „Would you do me a great favor? Get rid of those blasted boots and put on slippers, as stagehands normally do!" Another time, as part of the play she was in, she asked the young actress who played the maid to bring her flowers onstage so that the audience could see them. The Gestapo visited the theater and accosted her. „I was told that I had told the stagehands to strip their uniforms! And that I had asked a talented young actress to bring me flowers, as a page boy to a queen!" - und vgl. S. 180f

Vgl.: Zer-Zion, Shelly: Habima: Eine hebräische Bühne in der Weimarer Republik; Paderborn: Wilhelm Fink 2016; S. 126

Vgl.: Luise Rainer's biography: https://www.imdb.com/name/nm0707023/bio (17.08.2018)

Wahl, Christoph: Das Sprechen der Filme. Über verbale Sprache im Spielfilm; Dissertation an der Fakultät für Philologie der Ruhr-Universität Bochum 2003; S. 18 u. 34

Vgl. Ebd. S. 20 – zitiert nach: Truffaut, Francois: Mr. Hitchcock, wie haben Sie das gemacht? München 1973; S. 57

Danziger Volksstimme: Organ für die werktätige Bevölkerung der Freien Stadt Danzig; (Digitale Bibliothek der Friedrich Ebert-Stiftung; http://library.fes.de/danzig/pdf/1930/1930-110.pdf (17.08.2018)

Luise Rainer, From Vienna, Makes Her Hollywood Debut in ‚Escapade', the New Film at the Capitol; in: New York Times; 06.07.1935; https://www.nytimes.com/1935/07/06/archives/luise-rainer-from-vienna-makes-her-hollywood-debut-in-escapade-the.html (17.08.2018)

Vgl. den wunderschönen Bildband von Tommy Dangcil: Hollywood Studios (Postcard History Series); Charleston u.a.: Arcadia Publishing 2007; S. 41-50 (MGM)

Kapitel 3

Dreßen, Wolfgang: Billigende Inkaufnahme – Plünderung jüdischen Eigentums; in: taz vom 28.11.2010 (http://www.taz.de/!5131483 (17.08.2018)

Schuld und Verstrickung: Hamburger Kaufleute in der NS-Zeit; in: Hamburger Abendblatt vom 23.03.2015 (https://www.abendblatt.de/hamburg/article205218019/Schuld-und-Verstrickung-Hamburger-Kaufleute-in-der-NS-Zeit.html) (17.08.2018)

Vgl.: Carruthers, Craig: On board the Ile-De-France…; in: Luise Rainer – Celebrating the life and work of Luise Rainer (1910-2014); https://luise-rainer.com/2015/01/09/on-board-the-ile-de-france (17.08.2018)

Vgl.. Ebd.: „Whilst on board she discovered that she was pregnant with her dead lover's child and realised at once that she couldn't have this new life and career and the child."

Vgl.: Brenner, Marie: Great Dames – What I learned from older women; New York: Crown Publishers; 2000; S. 173-198; hier: S. 181

Vgl.: Grulke, Lucas: Camp Hindenburg; in: Military History of the Upper Great Lakes; 19.10.2016 (https://ss.sites.mtu.edu/mhugl/2016/10/19/camp-hindenburg) (17.08.2018)

Vgl.: Maxwell, Erin: Hitler's House in the Pacific Palisades: A Photographic Tour; in: LA weekly vom 14.10.2013 (https://www.laweekly.com/news/hitlers-house-in-the-pacific-palisades-a-photographic-tour-4172956) (17.08.2018)

Vgl.: Questionnaire to be answered by all employees; Deutsche Kinemathek – Museum für Film und Fernsehen Berlin; Nachlassarchiv / Paul Kohner Agency Sammlung - Signatur: 4.3-198814-6 Rainer, Luise)

Nugent, Frank S.: ‚The Great Ziegfeld', Metro's Lavish Biography of a Showman, Opens at the Astor; in: The New York Times; 09.04.1936 (https://www.nytimes.com/1936/04/09/archives/-the-great-ziegfeld-metros-lavish-biography-of-a-showman-opens-at.html) (18.08.2018)

Deutsche Kinemathek – Museum für Film und Fernsehen Berlin; Nachlassarchiv / Paul Kohner Agency Sammlung – (Signatur: 4.3-198814-6 Rainer, Luise)

Luise Rainer, Actress, Sails; in: The New York Times; 05.02.1939 (https://www.nytimes.com/1939/02/05/archives/luise-rainer-actress-sails.html) (18.08.2018)

Vgl.: Brenner, Marie: Great Dames – What I learned from older women; New York: Crown Publishers; 2000; S. 173-198; S. 182: „She was cast in Escapade, a turn-of-the-century Viennese romance, opposite William Powell, who was so impressed with her that he badgered Louis B. Mayer about her billing. „You have to star that girl or I look like an idiot", he said (…).

Vgl.: The Courier-Mail; 10.10.1935; S. 5 (https://trove.nla.gov.au/newspaper/article/35923609) (18.08.2018): „She started her career at Dusseldorf, in Germany, at the age of 16, and soon flashed like a meteor across theatrical Europe, and was hailed as one of the Continent's greatest dramatic actresses, and as the ‚wonder child of the stage.'" – Vgl. Projections 8: Film-makers on Film-making; Hrsg. Von John Boorman und Walter Donohue; Faber & Faber 1998; S. 354: „A newspaper dubbed me ‚the wunderkind of the drama.'"

Vgl.: Garncarz, Joseph: US-Film in Europa; in: Europäische Geschichte Online; 18.10.2012 (http://ieg-ego.eu/de/threads/modelle-und-stereotypen/modell-amerika/joseph-garncarz-us-film-in-europa) (18.08.2018)

Vgl. Ebd. – siehe auch: Gomery, Douglas: The Hollywood Studio System; Houndmills 1986

Leider, Emely W.: Myrna Loy: The Only Good Girl in Hollywood; Berkeley, Los Angeles, London: University of California Press 2011; S. 142

Vgl.: Bernstein, Adam: Luise Rainer, back-to-back Academy Award winner, dies; in: The Washington Post; 30.12.2014 (https://www.washingtonpost.com/local/obituaries/luise-rainer-back-to-back-academy-award-winner-dies/2014/12/30/08e5c302-c5dc-11df-94e1-c5afa35a9e59_story.html?noredirect=on&utm_term=.bb6a6ecccc9d) (19.08.2018): „To sustain the emotional core of the scene she said she recalled a beloved cocker spaniel who was put to death the day before filming."

Carruthers, Craig: The Great Ziegfeld; in: Luise Rainer – Celebrating the life and work of Luise Rainer (1910-2014); (https://luise-rainer.com/film/the-great-ziegfeld-1936) (19.08.2018)

Vgl. Brenner, Marie: Great Dames – What I learned from older women; New York: Crown Publishers; 2000; S. 173-198; S. 183

Vgl.: Reichhold, Christian: Die Öscars: Österreich beim wichtigsten Filmpreis der Welt; Wien: Amalthea Signum Verlag 2015 (keine Seitenzahlen)

Vgl.: Carruthers, Craig: Clifford Odets; in: Luise Rainer – Celebrating the life and work of Luise Rainer (1910-2014); https://luise-rainer.com/tag/clifford-odets (19.08.2018): „Except for Ginger Rogers, most guests were unknown to me. On the far side of the room, surrounded by people who seemed to lap up his words, stood Clifford Odets. Over the crowd I felt him looking at me. I left early; I had to be up at six o'clock in the morning to get to the studio by seven a.m… a few days later while on location I was called to the telephone. It was a man's voice: Clifford Odets. „Can one ever see you alone?, he asked."

Brian, Denis: Einstein – Sein Leben; Weinheim: Wiley-Vch Verlag 2005; S. 490

Ebd. S. 490f. – Vgl. dazu auch: Brennan-Gibson, Margaret: Clifford Odets; New York: Atheneum 1981; S. 478, 491

Projections 8: Film-makers on Film-making; Hrsg. Von John Boorman und Walter Donohue; Faber & Faber 1998; S. 354

Vernon, Alex: Hemingway's Second War: Bearing Witness to the Spanish

Civil War; Iowa City: University of Iowa Press 2011; S.96: „One guest who did not pay, Errol Flynn, snuck out a bathroom window."

Vgl. Brenner, Marie: Great Dames – What I learned from older women; New York: Crown Publishers; 2000; S. 173-198; S. 191: „In May 1938, Rainer discovered that she was pregnant. When Odets received the news coldly, Luise made another fast decision. ‚This love was so incredible. And I aborted his child. But it was his fault. Because he was terrible. … I knew it was not possible. He would have killed me.' Later, Margaret Brenman-Gibson would discover in Odets's papers a wire he never sent to Luise. In it, he expressed pleasure at the news of the coming baby and urged her to run away from Metro and live with him in the country, where they could raise their child. Rainer told the biographer sadly that if she had received that telegram she would have done exactly that."

Vgl.: Carruthers, Craig: Luise Rainer (1910-1930); in: Luise Rainer – Celebrating the life and work of Luise Rainer (1910-2014); (https://luise-rainer.com/chronology/1930s) (19.08.2018): „Between May 28 and Jun 10: Luise has an abortion"

Vgl. Brenner, Marie: Great Dames – What I learned from older women; New York: Crown Publishers; 2000; S. 173-198; S. 191

Vgl. Brenner, Marie: Great Dames – What I learned from older women; New York: Crown Publishers; 2000; S. 173-198; S. 188

Vgl. Ebd: S. 188: „The young woman", Eastman wrote of Luise, „was charming but had had some ‚deep hurt in her youthful days'. She was mistrustful and had an ‚inverted vanity'. A marriage would have to be ‚properly managed', because ‚Mr. Von Delf', as Odets had called himself, was ‚still very much of the small boy – sensitive and imaginative'. He would need her to be both ‚wife and mother'. … She will (have) to remember that a hurt child is often apt to try to hurt the mother he loves."

Vgl. Brenner, Marie: Great Dames – What I learned from older women; New York: Crown Publishers; 2000; S. 173-198; S. 190: „Clifford would say, ‚You want sugar, sugar, sugar all the time!' she said.."

Vgl. Brenner, Marie: Great Dames – What I learned from older women; New York: Crown Publishers; 2000; S. 173-198; S. 193: „The fights with Odets became more and more violent. Once, she said, ‚we were walking along Fifth Avenue, and he was screaming at me. We went into a taxi, and he was screaming. At one point the taxi stopped, and he got out of the taxi, and the driver looked at me and said, ‚Get rid of that bastard.'"

Vgl.: Tims, Hilton: The Last Romantic: A life of Eric Maria Remarque; London: Constable & Robinson 2003; S. 83: „I always called Erich God's gift to women. (…) I was quite in love with him but it wasn't a great affair. I had no sexual experience with him, though on one of our first dates, when he brought me back to my apartment, he made overtures. (…) He was wonderfully lyrical and romantic. (…) He always said I was the Spring in life."

Marton, Ruth: Mein Freund Boni – Erinnerungen an Erich Maria Remarque; Köln: Kiepenheuer & Witsch 1993; S. 77

zitiert nach: von Sternburg, Wilhelm: „Als wäre alles das letzte Mal": Erich Maria Remarque. Eine Biographie; Köln: Kiepenheuer & Witsch 2010, S. 136

Tims, Hilton: The Last Romantic: A life of Eric Maria Remarque; London: Constable & Robinson 2003; S. 137 (Appendix: Remarque's Poem of Courtship to Luise Rainer)

Vgl. Brenner, Marie: Great Dames – What I learned from older women; New York: Crown Publishers; 2000; S. 173-198; S. 194: „Near the end of the war, at a party in Manhattan, Rainer met a young Swiss publishing executive, Robert Knittel, who worked in New York. The son of the wealthy Swiss novelist John Knittel, he shared Luise's love of music and the cerebral life. ‚I am going to marry her,' he told a friend at the party.", S. 194

Tookey, Helen: Anais Nin – Fictionaliy and Femininity: Playing a Thousand Roles; Oxford: Clarendon Press 2003; S. 91, S. 175

Ebd. S. 97 – Vgl. Rolff, Marten: Ein Mädchen, das Filme hasst – Zum 100. Geburtstag von Luise Rainer; in: Süddeutsche Zeitung vom 17.05.2010 (https://www.sueddeutsche.de/kultur/zum-geburtstag-von-luise-rainer-ein-maedchen-das-filme-hasst-1.55346) (21.08.2018): „kurz darauf in ihr Tagebuch: „Luises Selbstwahrnehmung entspricht in keiner Weise ihrer Erscheinung auf der Leinwand. Sie lehnt jede Form der Verehrung ab; die Blumen wie die Liebesbriefe, die man ihr schickt. Ganz so, als wäre die Person, die dort auf der Leinwand zu sehen ist, nur ein Trugbild."

Tookey, Helen: Anais Nin – Fictionaliy and Femininity: Playing a Thousand Roles; Oxford: Clarendon Press 2003; S. 98

Anais Nin – Linse des Lasters; in: Der Spiegel; Nr. 34/1968; S. 91

The Diary of Anais Nin (1944-1947); Hrsg. von Gunther Stuhlmann; New York, London: A Harvest/HBJ Book 1971; S. 74

Vgl. Projections 8: Film-makers on Film-making; Hrsg. Von John Boorman und Walter Donohue; Faber & Faber 1998; S. 361f.: „I was living in New York, where I hoped to return to the theatre, when I became friendly with Anais Nin. (…) However, the relationship became too intense. I didn't like the crazy way in which she identified herself with me. You see, I'm not a lesbian at all. I love women and I have many women friends, but I'm not a lesbian, and when she came too close, I just threw her out."

Vgl. Brenner, Marie: Great Dames – What I learned from older women; New York: Crown Publishers; 2000; S. 173-198; S. 184: „Rainer arrived at MGM when it was a feudal system ruled by a despot and nicknamed ‚Mayer's-Ganz-Mispochen,' Yiddish for ‚Mayer's whole family'."

Zitiert nach: Reichhold, Christian: Die Öscars: Österreich beim wichtigsten Filmpreis der Welt; Wien: Amalthea Signum Verlag 2015 (keine Seitenzahlen)

Kapitel 4

Vgl. Projections 8: Film-makers on Film-making; Hrsg. von John Boorman und Walter Donohue; Faber & Faber 1998; S. 353: „Mrs Knittel was determined to have a photograph of her husband and herself taken in front of the Taj Mahal, that monument to lovers, before his death of cancer in 1989."

Carruthers, Craig: By Candlelight (1949); in: Luise Rainer – Celebrating the life and work of Luise Rainer (1910-2014); (https://luise-rainer.com/television-radio/by-candlelight-1949) (21.08.2018)

Swift, John: The return of Luise Rainer; in: Radio Times; 25.11.1949; zitiert nach: Carruthers, Craig: By Candlelight (1949); in: Luise Rainer – Celebrating the life and work of Luise Rainer (1910-2014); (https://luise-rainer.com/archive/the-return-of-luise-rainer-1949) (21.08.2018)

Vgl. Grupp, Peter: Faszination Berg: die Geschichte des Alpinismus; Köln, Weimar, Wien: Böhlau Verlag 2008; S. 89 u. 94

Vgl.: McFadden, Robert D.: Luise Rainer Dies at 104; in: The New York Times; 30.12.2014; (https://www.nytimes.com/2014/12/31/arts/luise-rainer-award-winning-actress-dies-at-104.html) (18.08.2018): „Robert went with a fiddle up to the Matterhorn, and at the top of the Matterhorn he played a Bach sonata."

Grupp, Peter: Faszination Berg: die Geschichte des Alpinismus; Köln, Weimar, Wien: Böhlau Verlag 2008; S. 101

Fleming, Mary Crist: What a life - A tribute to Mary Crist Fleming; Hrsg.: Lynn Fleming Aeschliman; Lugano 2000; S. 63

Vgl. Fleming, Mary Crist: What a life: „That is when I first met Luise Rainer, because she sent her six-year old daughter to me." (S. 48). Tatsächlich findet sich in Flemings Biographie eine solche Karte abgedruckt. (S. 49)

Vgl. Heil, Christiane: Wie ich fast Luise Rainers Fotos von Einstein kaufte; In. FAZ (http://www.faz.net/aktuell/gesellschaft/menschen/versteigerung-von-luise-rainers-nachlass-13971412-p2.html?printPagedArticle=true#pageIndex_1); aktualisiert am 29.12.2015 (21.08.2018)

Diese Begegnung wird sehr ausführlich beschrieben in: Lyon, James K.: Bertolt Brecht in America; Princeton: Princeton University Press 1980; S. 123-127

Vgl. Lyon, James K.: Bertolt Brecht in America; Princeton: Princeton University Press 1980; S. 124: „Brecht (roaring): Do you know who I am? – Rainer (calmly): Yes. You are Bertolt Brecht. And do you know who I am? – Brecht: Yes. You are nothing. Nothing, I say!" - Vgl. S. 127

About Francesca Knittel-Bowyer – http://www.francescaknittelbowyer.com/about-francesca (21.08.2018)

Francesca Knittel-Bowyer – http://www.francescaknittelbowyer.com

(21.08.2018)

Hans Ulrich Obrist führte mit Luise Rainer 2010 ein sehr interessantes Interview, in dem sich die Schauspielerin auch sehr ausführlich über Fellini äußerte. (Obrist, Hans Ulrich: Luise; in: AnOther Magazine; Folge 18; Sommer 2010 – Vgl. dazu auch über den Film „La Dolce Vita“: Carruthers, Craig: (https://luise-rainer.com/film/la-dolce-vita-1960 (22.08.2018)

Vgl. Brakebusch, Lydia: Wie verhext – Schauspielerinnen über 40; in: Der Tagesspiegel vom 01.02.2015 (https://www.tagesspiegel.de/weltspiegel/sonntag/schauspielerinnen-ueber-40-wie-verhext/11306374-all.html?print=true) (22.08.2018)

Wuliger, Michael: „Ich mochte den Star-Rummel nie“ – Luise Rainer über Hollywood, Fellini und ihren Lieblingsfilm; in: Jüdische Allgemeine vom 08.09.2011 (https://www.juedische-allgemeine.de/article/view/id/11228) (22.08.2018)

Vgl. Projections 8: Film-makers on Film-making; Hrsg. Von John Boorman und Walter Donohue; Faber & Faber 1998; S. 363: „The evening I was to leave Rome for London, Fellini approached me in a crowded Via Venuto, where he got down on his knees and pleaded, ‚Please, Luise, you cannot go.‘ (…) I got back to London (…).“

Zitiert nach: Carruthers, Craig: Luise Rainer (1910-1930); in: Luise Rainer – Celebrating the life and work of Luise Rainer (1910-2014); (https://luise-rainer.com/my-work) (22.08.2018)

Vgl. hierzu Notker Hammerstein in der FAZ vom 05.08.2006, http://www.faz.net/aktuell/feuilleton/john-knittel-und-der-nationalsozialismus-1117910.html (zuletzt besucht am 21.11.2018), das John Knittel-Portrait von Charles Linsmayer auf http://www.linsmayer.ch/autoren/K/KnittelJohn_Portraet.pdf (zuletzt besucht am 21.11.2018) sowie die Informationen auf der Website http://knittel.ch/ (zuletzt besucht am 21.11.2018).

Kapitel 5

Vgl. Carruthers, Craig: Luise Rainer (1910-1930); in: Luise Rainer – Celebrating the life and work of Luise Rainer (1910-2014); (https://luise-rainer.com/chronology/1970s) (22.08.2018): „April 1975: Luise is one of many victims of the Bank of America robbery in London's Mayfair. Her safe deposit box of jewels is cleared out in the raid“

Murfin, Patrick: Heretic, Rebel, a Thing to Flout; in: An Eclectic Journal of Opinion, History, Poetry and General Bloviating; 02.01.2015 (http://patrickmurfin.blogspot.com/2015/01/luise-rainerthe-fading-supernova-blinks.html) (22.08.2018)

Vgl.: Rodek, Hanns-Georg: Mit ihr begann der Fluch des Oscars; in: Welt vom 12.1.2010 (https://www.welt.de/welt_print/kultur/article5815398/Mit-ihr-begann-der-Fluch-des-Oscars.html) (03.08.2018)

Anlass und Ziel des „Boulevard der Stars“; Senatsverwaltung Berlin; (http://www.stadtentwicklung.berlin.de/aktuell/wettbewerbe/ergebnisse/2009/starboulevard/ausschreibung.shtml) (26.08.2018)

Unvergessen: Ein Stern für Luise Rainer; in: hagalil.com; Jüdisches Leben online; 11.08.2011 (http://www.hagalil.com/2011/08/luise-rainer/) (26.08.2018)

Brenner, Marie: Great Dames – What I learned from older women; New York: Crown Publishers; 2000; S. 173-198; S. 176

boulevard-der-stars-berlin.de/dabei-sein-ist-ein-muss-fur-fans (26.08.2018)

Ein Stern für Düsseldorfs Oscar-Gewinnerin; in: lokalkompass.de (https://www.lokalkompass.de/duesseldorf/leute/ein-stern-fuer-duesseldorfs-oscar-gewinnerin-d319439.html) (26.08.2018)

Vgl. Laudenbach, Peter; in: brand eins. Wirtschaftsmagazin. 9. Jahrgang; Heft März 2007; S. 74

Vgl. Heil, Christiane: Wie ich fast Luise Rainers Fotos von Einstein kaufte; In. FAZ (http://www.faz.net/aktuell/gesellschaft/menschen/versteigerung-von-luise-rainers-nachlass-13971412-p2.html?printPagedArticle=true#pageIndex_1); aktualisiert am 29.12.2015 (07.08.2018)

Bildmaterial

Es wurden nur frei zugängliche Bilddatenbanken benutzt, also z.B. jene lizenzfreien, wie u.a. von Wikimedia Commons und ähnlichen freien Alternativen, ebenso auch z.B. Deutsches Bundesarchiv, Deutsche Fotothek, Fotothek der Niederlande, US Library of Congress usw.... - Vielen Dank. Das für die Rückseite des Covers verwendete stammt aus unbekannter Herkunft. – Im Fall einer evtl. irrtümlichen oder fehlerhaften Angabe, weil unklarer Quelle, wird um einen freundlichen kurzen Hinweis an den Verlag gebeten.

Danksagung

Ich möchte mich bei nachfolgenden Leuten bedanken, ohne die das Buch entweder gar nichts oder sehr viel schlechter geworden wäre:

Luise Rainer, die mir 2013 die schriftliche Genehmigung erteilte, ihr aufregendes Leben niederzuschreiben. Mein Gott, war ich damals nervös! Allein sie schaffte es, mich zu beruhigen, da sie fest an mich glaubte. Vielen Dank, liebe Luise!

Stephen Michael Shearer, ein glänzender Hedy Lamarr-Biograf, „Beautiful – The life of Hedy Lamarr", der sich von mir wünschte, ich möge mich genauso sehr in Hedy verlieben, wie er es beizeiten tat und der ein fantastisches Vorwort für dieses Buch beisteuerte.

Als ein großartiger Unterstützer erwies sich Bernd Desinger vom Düsseldorfer Filmmuseum – mit einer Fülle von sehr interessanten Informationen.

Thomas Geisel, Oberbürgermeister der Landeshauptstadt Düsseldorf, der sich sehr für seine Stadt, wie auch für Kunst und Kultur engagiert und sich als Fan der Düsseldorfer Fortuna ausweist.

Craig Carruthers, der seit 1997 auf seiner sehr intensiv gepflegten Homepage „https://luise-rainer.com" alles nur Erdenkliche zu Luise Rainer zusammengetragen hat – ein echter Fan! Dank ihm wurde mein eingerostetes Schulenglisch wieder doch wesentlich besser. Zum Auswandern indes reicht es immer noch nicht.

Frank Troschitz, Filmverbundene Sammlungen, der mir meine sämtlichen Wünsche von den Augen ablas und die Dokumente und Informationen sogleich zur Verfügung stellte. Und das an einem verregneten Freitagnachmittag – längst nach Dienstschluss!

Sigrid Arnold, Theatermuseum Düsseldorf – Sammlungen, die alles daran setzte, mir einen Bugatti zu liefern, vor dem Luise Rainer mit ihrem Schauspielerkollegen Wolfgang Langhoff am 12.02.1929 posierten.

Jürgen Sielemann, der Vorsitzende der Hamburger Gesellschaft für jüdische Genealogie e.V. und jahrzehntelanger Mitarbeiter des Staatsarchivs Hamburg, der Tag und Nacht mein Ansprechpartner war, als es um Luises Eltern in Hamburg ging.

Gerrit Thies, Deutsche Kinemathek - Museum für Film und Fernsehen Berlin – Nachlassarchiv, der mir im kalten Berlin erst mal einen leckeren Milchkaffee anbot.

Ida Elisabeth Höhn, exzellente John Knittel-Biografin, die mir ihre zauberhafte Schweiz näherbrachte und sich gewaltig über den schlechten Service meines Hotels aufregte.

Corinna Müller, Privatdozentin am Institut für Medien und Kommunikation der Universität Hamburg und großartige Expertin für Hamburg und das Kino, brachte mir die Kultur der 1920er Jahre näher.

Regina Paril-Fellner, Dramaturgiesekretariat/Archiv des Theaters in der Josefstadt Wien, die mir sehr charmant Auskunft über Luises Auftritte erteilte.

Jessica Wevers, Koninklijke Bibliotheek Den Haag – Nationale Bibliotheek van Nederland, die in akribischer Arbeit alles über den tragischen Flugzeugabsturz des Dr. Jacobus Johannes van der Leeuw, genannt „Koos“, 1934 in Tanganyika recherchierte.

Hans-Jürgen Hartmann, ein wunderbarer Psychologe, mit dem ich stundenlang über Luise Rainer diskutieren konnte und der nicht weniger filmbegeistert ist als ich es bin.

Meine Frau Natalya und unsere Kinder Erik und Klara, die mir bestimmt jetzt böse sein werden, wenn sie sehen, an welcher Stelle der Danksagung ich sie erwähne. Gott stehe mir bei!

Ralf Oldenburg

Über den Autor

Es klingt trivial und beliebig, aber es trifft zu: Mit 8 Jahren begann der damalige Schüler Ralf Olfenburg, erste Gedichte zu schreiben. Dann ein erster Glücksfall: er bekam einen Deutschlehrer, der selber Gedichte schrieb. Der Tutor förderte ihn, gab viele Tipps und schlug ihm 1986 vor, da war er 17 Jahre alt, an einem Lyrikwettbewerb von NRW teilzunehmen. Der junge Mann gewann und lernte dadurch Herrn Prof. Dr. Peter Conrady kennen, der den Gedichtband herausgab. Auch machte man ihn mit dem Schriftsteller J. Reding bekannt, der ihn dazu inspirierte, weiter zu schreiben und zu veröffentlichen. Auch Wolfgang Borcherts „Draußen vor der Tür" und seine Kurzgeschichten hinterließen einen nachhaltigen, tiefen Eindruck.

Der spätere Student an der Westfälischen Wilhelms-Universität in Münster schrieb Theaterstücke, um Geld zu verdienen, hielt Kurse in „Creative Writing" ab und lektorierte wissenschaftliche und belletristische Arbeiten. 1998 absolvierte Oldenburg in der Neueren Literaturwissenschaft seinen Magister (MA), weitere drei Jahre später seine Promotion in der Germanistik. Neben anderem Arbeiten entstanden zwei Biographien, über Wilhelm Waiblinger und eine über Martin Walser, mit dem Titel „Bis zum nächsten Wort". So entstand u.a. ein Vortrag als zweifacher Friedrich Hölderlin-Stipendiat in Bad Homburg v. d. Höhe. – Von 2013 bis 2018 arbeitete der Autor an der Biographie über die zweifache Oscar-Preisträgerin Luise Rainer aus Düsseldorf, die er in ihrer Wohnung in London besuchen und interviewen durfte. Der Einlass zu ihr kam nur zustande, da sie seine Walser-Biographie gelesen hatte und ihn daraufhin neugierig kennenlernen wollte. Am Ende des Gesprächs gab ihm Luise Rainer schriftlich die Einwilligung, ihr einzigartiges Leben und Wirken aufschreiben zu dürfen.

Bildmaterial

Luise Rainer, in Hollywood angekommen

Albert Einstein und Luise Rainer

Katharine Hepburn (links) / Greta Garbo (rechts)

Luise Rainer und Paul Muni in „The Good Earth", 1937

„Koos" (Mitte), mit Luise Rainer eng befreundet, kam durch einen Absturz seines Flugzeuges in Afrika ums Leben

Hertha Feller und Heinz Rühmann

Der befreundete Filmagent Paul Kohner und Lupita Tovar

Bild unten: MGM-Studios

Filmplakat Beispiel

Regisseur Irving Thalberg (links) / Gustaf Gründgens (rechts)

Luise Rainer

Spencer Tracy

Alfred Hitchcock

Kurt Gerron u. Kollege

Federico Fellini

Lilian Harvey